Harald Neubert

Einführung Gramsci

Hegemonie – Zivilgesellschaft – Partei

Wir nehmen das 50. Jahr der Verlagsgründung zum Anlass, aus jedem Jahrzehnt unserer Arbeit ein hellrotes Bändchen mit damals veröffentlichten Texten wieder zugänglich zu machen. Für die 2000er Jahre ist das der ursprünglich 2001 erschienene Einführungstext zu Antonio Gramsci von Harald Neubert.

Harald Neubert (* 6. Februar 1932; † 19. August 2009) war von Beruf Tischler. Er studierte von 1949 bis 1952 an der Arbeiter-und-Bauern-Fakultät in Halle/Saale. Daran anschließend folgte von 1952 bis 1957 ein Studium der Geschichte in Leningrad.

In den Jahren 1958 bis 1963 war er wissenschaftlicher Assistent am Institut für Allgemeine Geschichte der Humboldt-Universität zu Berlin. 1964 promovierte er dort mit einer Arbeit über das frühe Mittelalter Italiens, 1974 erfolgte seine Habilitation zum Thema Geschichte der italienischen Arbeiterbewegung der neuesten Zeit. Von 1974 bis 1989 war er Direktor des Instituts für Internationale Arbeiterbewegung an der Akademie für Gesellschaftswissenschaften beim ZK der SED. 1987 gehörte er zu den Teilnehmern der Gespräche um das gemeinsame Papier der SPD und SED »Der Streit der Ideologien und die gemeinsame Sicherheit«.

Nach der Wende beschäftigt ihn vor allem die Frage, warum der Sozialismus gescheitert war. Harald Neubert war bis zu seinem Tod Mitglied der Linkspartei und in der Grundsatzkommission, in der AG Friedens- und Internationale Politik, sowie dem Ältestenrat und im Marxistischen Forum aktiv.

Außer diesem Band erschienen von ihm im VSA: Verlag

Die Hypothek des kommunistischen Erbes. Erfahrungen, Zeugnisse, Konsequenzen, Hamburg 2002

Linie Gramsci – Togliatti – Longo – Berlinguer. Erneuerung oder Revisionismus in der kommunistischen Bewegung? Hamburg 2009 (als pdf-Datei im Netz verfügbar)

Harald Neubert

Einführung Gramsci

Hegemonie – Zivilgesellschaft – Partei

Ein hellrotes Bändchen
aus 50 Jahren Verlagsarbeit

VSA: Verlag Hamburg

www.vsa-verlag.de

Das Buch von Harald Neubert erschien zuerst im Jahr 2001 unter dem Titel »Antonio Gramsci: Hegemonie – Zivilgesellschaft – Partei. Eine Einführung«.

Druck- und Buchbindearbeiten: CPI books GmbH, Leck
ISBN 978-3-86488-151-9

Inhalt

1. Person und Werk Gramscis

Antonio Gramsci, an dessen Lebenswerk in den letzten Jahren das Interesse von Wissenschaftlern, Publizisten und Politikern wiederum gewachsen ist, war ein vielseitiger Mensch – Historiker und Philosoph, Journalist, Literatur- und Kulturkritiker, Politiker, Parteiführer und Theoretiker der sozialistischen und kommunistischen Arbeiterbewegung. Dieses Interesse hat sehr unterschiedliche Gründe. Marxisten wenden sich seinem Werk besonders deshalb zu, weil sie meinen, dass in seinem Beitrag zum marxistischen Denken viele konstruktive Anregungen enthalten sind, die geeignet sein können, die derzeitige Krise des Marxismus zu überwinden. Darin allein erschöpft sich aber nicht das heutige Interesse an seiner Person und seinem Werk. Die umfangreiche Literatur über Gramsci macht das breite Spektrum der Motivationen deutlich, mit denen man sich ihm zuwendet.[1] Zu nennen wären, außer seinem spezifischen Beitrag zum Marxismus und zur kommunistischen Politik seiner Zeit, die Bedeutung, die Gramsci für das geistige und politische Leben Italiens in der Zeit zwischen den beiden Weltkriegen besaß, sowie seine weitreichenden gesellschaftstheoretischen und gesellschaftspolitischen Erkenntnisse, die über den Marxismus hinausgriffen, also nicht nur für die Entwicklung des Marxismus Bedeutung besaßen und noch immer besitzen. Allerdings trifft man auch auf viele einseitige, selektive und oberflächliche Interpretationen seines Werkes.

---

[1] Eine zusammenfassende Bibliographie von 6.000 Arbeiten über Gramsci hat 1989 die Gramsci-Stiftung in Rom veröffentlicht: Bibliografia gramsciana. Being a bibliographic compilation of 6.000 publications in 26 languages on the life and thought of Antonio Gramsci by John M. Cammett. Diese Arbeit wird von amerikanischen Gramsci-Forschern an der University of Notre Dame namens der inzwischen gegründeten *International Gramsci Society* in Form regelmäßig erscheinender *Newsletter* fortgesetzt. John M. Cammett hat in Nr. 5 vom November 1995 in *Newsletter* nun auch eine Bibliographie von Gramsci-Editionen in den verschiedenen Sprachen zusammengestellt: A Bibliography of the Works of Antonio Gramsci. Publications of His Writings in 27 Languages: 1930–1995.

Um seine Person und sein Lebenswerk verstehen und einordnen zu können, bedarf es einer gewissen Kenntnis seines Werdegangs, der allgemeinen politischen Entwicklung Italiens und Europas sowie der politischen und ideologischen Situation in der Arbeiterbewegung im ersten Drittel des 20. Jahrhunderts.

Geboren wurde Gramsci 1891 auf Sardinien in der Familie eines kleinen Staatsangestellten albanischer Herkunft als eins von sieben Kindern. Ein Unfall als Kleinkind führte zu einer körperlichen Deformierung, die seinen Gesundheitszustand dauerhaft beeinträchtigte. 1911 erhielt er aufgrund seiner ausgezeichneten schulischen Leistungen ein Stipendium für ein Studium an der Universität in Turin, dem damaligen Zentrum der italienischen Arbeiterbewegung. 1915 wurde er Redakteur der örtlichen sozialistischen Zeitung Turins *Grido del popolo* (»Ruf des Volkes«). In der Sozialistischen Partei gehörte er während des ersten Weltkrieges zu denjenigen, die entschieden die Teilnahme Italiens am Krieg und vor allem die Haltung der Parteiführung zu diesem Krieg ablehnte. 1917 übernahm er die Funktion des Sekretärs der Turiner Sektion der Sozialistischen Partei und des Direktors von *Grido del popolo*. Im November 1917 begrüßte Gramsci die russische Oktoberrevolution und wünschte, es in Italien ebenso zu tun wie in Russland. Im Mai 1919 gründete er zusammen mit Palmiro Togliatti und anderen Mitstreitern die Zeitschrift *L'Ordine Nuovo* (»Die neue Ordnung«) und begann eine prinzipielle Auseinandersetzung mit der reformistischen Führung der Sozialistischen Partei. Unter anderem verfasste er einen Bericht »Für eine Erneuerung der Sozialistischen Partei«.[2] In dieser Zeit hat Gramsci eine Vielzahl journalistischer Beiträge zu geistig-kulturellen und parteipolitischen Themen verfasst. 1920-21 war er maßgeblich an den revolutionären Bewegungen der Arbeiter in Oberitalien beteiligt, so an der Bildung von Fabrikräten, am Generalstreik (im April 1920) und an Fabrikbesetzungen (im September 1920). Über die Erfahrungen mit den Fabrikräten hatte Gramsci einen Bericht verfasst, den er im Juli 1920 an das Exekutivkomitee der Komintern (EKKI) nach Moskau schick-

---

[2] Per un rinnovamento del partito socialista. In: A. Gramsci: Antologia degli scritti. Hrsg. von C. Salinari u. Mario Spinella. Rom 1963, Bd. I, S. 57ff.

te.[3] Auf dem II. Kongress der Kommunistischen Internationale bezog sich W. I. Lenin ausdrücklich auf diesen Bericht des Vorstandes der Turiner Sektion der Sozialistischen Partei, hielt deren Kritik an der Partei(führung) und deren Vorschläge »im wesentlichen für richtig«, da sie »mit allen Grundprinzipien der III. Internationale durchaus übereinstimmen«.[4]

Am 21. Januar 1921 kam es in Livorno zur Spaltung der Sozialistischen und somit zur Gründung der Kommunistischen Partei, deren Leitung Amadeo Bordiga übernahm. Gramsci gehörte zu ihren Mitbegründern. Doch hat er später diese Entwicklung kritisch bewertet. Zunächst hoffte er, dass die sich formierende kommunistische Fraktion innerhalb der Sozialistischen Partei mehrheitsfähig werden und die Führung der Partei übernehmen könnte.[5] Ihm ging es nicht um eine Spaltung der Partei, sondern um den Ausschluss der Reformisten in der Überzeugung, dass die Mehrheit der Mitgliedschaft kommunistisch und revolutionär eingestellt und die gesamte Partei für die angestrebte Erneuerung zu gewinnen wäre. Die Entwicklung verlief also anders. Die vollzogene Spaltung entsprach somit nicht Gramscis Intentionen. Es war nicht nur nicht gelungen, die ganze Partei für die revolutionäre Orientierung zu gewinnen, sondern nicht einmal die Mehrheit ihrer Mitgliedschaft hatte sich der Kommunistischen Partei angeschlossen. Im überlieferten Fragment einer Niederschrift von 1922 oder 1923 schrieb er: »Die Spaltung von Livorno (die Lostrennung der Mehrheit des italienischen Proletariats von der Kommunistischen Internationale) war ohne Zweifel der größte Triumph der Reaktion.«[6] Im Sinne der *historischen Mission des Proletariats* und der Leninschen Revolutionstheorie glaubte er damals jedoch an das Streben des Proletariats, »seine Einheit und Homogenität als Klasse zu finden und sich gleichzeitig an die Spitze der anderen Volksklassen zu stellen, die die Frei-

---

[3] Il movimento dei Consigli di fabbrica, ebd., S. 36ff.

[4] W.I. Lenin: Thesen über die Hauptaufgaben des zweiten Kongresses der Kommunistischen Internationale. In: Lenin-Werke, Bd. 31, S. 187.

[5] Dies war der Tenor des Artikels Gramscis »La frazione comunista«, in: *Avanti!*, edizione piemontese, vom 24. Oktober 1920.

[6] Zit. nach Palmiro Togliatti: La formazione del gruppo dirigente del partito comunista italiano nel 1923-1924. Rom 1962, S. 102.

heit nicht erringen können, wenn sie nicht die Führung des revolutionären Proletariats akzeptieren«.[7] Dass sich nur eine Minderheit der Partei in der KPI zusammenfand, führte er auf die »verhängnisvolle« Rolle der reformistischen Führer zurück.[8]

Die kommunistische Partei hatte sich auf der Grundlage eines Gründungskonsenses dreier Gruppierungen – aus »Maximalisten«, »Abstentionisten« und »Ordinovisten«[9] – formiert, die auf die Dauer nicht kompatibel waren, so dass in ihr bald neue Konflikte auftraten, die zugleich auch Reaktionen der Komintern aus Moskau hervorriefen. Das Haupthindernis für die Formierung der neuen Partei war die Position Bordigas, der die Teilnahme am Parlament, die Arbeit in den Gewerkschaften, die Formierung einer Massenpartei sowie die Bereitschaft zu breiten Bündnissen ablehnte und die Partei als Elite von Berufsrevolutionären entwickeln wollte. Das Partei- und Revolutionskonzept Bordigas stieß bekanntlich von Anfang an auch auf heftige Kritik Lenins: »Unzweifelhaft sind Gen. Bordiga und seine Fraktion der ›kommunistischen Boykottisten‹ (Comunista astensionista) im Unrecht, wenn sie die Nichtbeteiligung am Parlament verfechten.«[10]

---

[7] Ebd., S. 101.

[8] Siehe hierzu auch Paolo Spriano: Storia del Partito comunista italiano. Bd. 1: Da Bordiga a Gramsci. Turin 1967, S. 120f.

[9] Als Maximalisten verstand man diejenigen Kommunisten, die jegliche Ziele kommunistischer Politik an die sozialistische Revolution als Voraussetzung knüpften, diese unterhalb der Schwelle der Machtergreifung für unrealisierbar hielten, als Abstentionisten diejenigen, die aufgrund ihrer maximalistischen Positionen die Teilnahme am bürgerlichen Parlament, die Mitarbeit in reformistischen Gewerkschaften usw. strikt ablehnten, als Ordinovisten die von Gramsci geführte Gruppe um die Zeitschrift *L'Ordine Nuovo*.

[10] W. I. Lenin: Der »linke Radikalismus«, die Kinderkrankheit im Kommunismus. In: Lenin: Ausgewählte Werke in sechs Bänden, Bd. 5. Berlin 1973, S. 517 u. 567. In diesem Sinne schrieb später, am 30. Juli 1925, Luigi Longo, der zur Gruppe um Gramsci gehörte und damals Vorsitzender des Kommunistischen Jugendverbandes war, in L'Unità: »Für Bordiga befinden sich alle für die Revolution nützlichen Kräfte bereits in der Partei. Jegliches Bemühen, außerhalb der Partei Bündnispartner zu suchen, stellt deshalb für Bordiga eine Abweichung, einen nicht zu rechtfertigenden Kompromiss dar.« (I »punti della sinistra« sono per l'unità del Partito?, zit. in: Spriano, Storia del Partito, a.a.O., S. 486).

Vom Mai 1922 bis Herbst 1923 weilte Gramsci als Vertreter der KPI beim Exekutivkomitee der Kommunistischen Internationale in Moskau, wo er mit Lenin selbst zusammentraf und zugleich die schwierigen Verhältnisse des im Aufbruch befindlichen Sowjetrusslands unmittelbar kennenlernte. Kennengelernt hat er dort auch seine Frau, Giulia Schucht.[11] Während seines Aufenthaltes in Sowjetrussland erfuhr er im Oktober 1922 vom Marsch der italienischen Faschisten auf Rom, vom Siegeszug des Faschismus in seinem Lande, der den Faschistenführer (und ehemaligen Direktor der sozialistischen Parteizeitung *Avanti!*), Benito Mussolini, das Amt des italienischen Ministerpräsidenten einbrachte. In den Jahren bis 1926 wurde sodann schrittweise die faschistische Diktatur in Italien etabliert.

Nach seinem Aufenthalt in Sowjetrussland lebte Gramsci vom Herbst 1923 bis Mai 1924 in Wien. Nach Italien konnte er erst nach den Parlamentswahlen 1924 zurückkehren, da er als gewählter Abgeordneter zunächst Immunität erhielt. Unter dem Zwang, aus der neuen Lage für die Partei entsprechende Schlussfolgerungen zu ziehen, und gestützt auf die von Lenin vorgegebene Linie der Komintern – als Vertreter der KPI beim Exekutivkomitee der Kommunistischen Internationale hatte Gramsci an deren IV. Kongress (Nov.-Dez. 1922) teilgenommen – begann er bereits von Moskau aus eine gezielte Auseinandersetzung mit dem Sektierertum, Maximalismus und dem elitären Berufsrevolutionarismus Bordigas. An Togliatti schrieb er am 18. Mai 1923 aus Moskau: »Man muss im Innern der Partei einen Kern von Genossen schaffen, die keine Fraktion darstellen, die ein Maximum an ideologischer Homogenität besitzen und so

---

[11] Giulia Schucht, 1896 in Genf geboren, entstammte einer russischen Familie, die wegen revolutionärer Gesinnung als Emigranten lange Zeit in Frankreich, der Schweiz und in Italien gelebt hatte und 1915 nach Russland zurückgekehrt war, wo sie als Musiklehrerin tätig war. An der Seite Gramscis hatte sie sich nach 1923 nur kurze Zeit in Italien aufgehalten und war noch vor Gramscis Verhaftung 1926 nach Moskau zurückgekehrt, wo sie sodann mit den zwei Söhnen aus dieser Ehe lebte. Ihre um neun Jahre ältere Schwester Tatjana war 1915 nicht mit ihrer Familie nach Russland zurückgekehrt; sie blieb in Rom, wo sie eine Anstellung als Lehrerin für Naturwissenschaften hatte. Während Gramscis Haft kümmerte sie sich um ihn, besorgte ihm Bücher usw. und war seine vertrauensvolle Partnerin eines intensiven Briefwechsels.

in der Lage sind, der praktischen Aktion ein Maximum an Einheitlichkeit der Führung zu geben.«[12] An Mauro Scoccimarro schrieb er am 5. Januar 1924 aus Wien: »Ich habe auch ein anderes Konzept /als das Bordigas, – H. N./ von der Partei, ihrer Funktion, ihren Beziehungen, die zwischen ihr und der Masse der Parteilosen, zwischen ihr und der Bevölkerung im allgemeinen hergestellt werden müssen.«[13] Und in einem Brief an Togliatti und Umberto Terracini, ebenfalls aus Wien, vom 9. Februar 1924 begründet er noch ausführlicher sein Parteiverständnis und somit seine Kritik an Bordigas Konzept. »Ich denke, dass der Moment gekommen ist, der Partei eine andere Richtung als die zu geben, die sie bisher hatte. Es beginnt nicht nur in der Geschichte unserer Partei, sondern auch in der unseres Landes eine neue Phase [...] In unserer Partei hat man einen weiteren gefährlichen Aspekt beklagt: sich gegenüber jeglicher Aktivität der einzelnen zu enthalten, die Passivität der Masse der Partei, die stumpfsinnige Sicherheit derer, die an alles denken und alles voraussehen [...] Der Fehler der Partei besteht darin, in den Vordergrund und in abstrakter Weise das Problem der Organisation der Partei gestellt zu haben, woraus sich sodann ein Apparat von Funktionären herausbildete, die sich gegenüber der offiziellen Linie orthodox verhalten. Man glaubte und glaubt noch immer, dass die Revolution allein von der Existenz eines solchen Apparates abhängt, und man endet schließlich im Glauben, dass dessen Existenz die Revolution hervorbringt [...] Die Partei ist nicht konzipiert als das Ergebnis eines dialektischen Prozesses, in dem sich die spontane Bewegung der revolutionären Massen und der organisierende und führende Wille des Zentrums vereinen...«[14]

Von Wien aus war es ihm sodann leichter, direkten Einfluss auf die Konsolidierung der Partei und ihre Entwicklungsrichtung zu nehmen. In diese Zeit fällt die Gründung der Zeitung *L'Unità*, deren erste Nummer am 12. Februar 1924 in Wien erschien und die bald, vom August 1924 an, zur Parteizeitung erklärt wurde. Im Verlaufe des Jahres 1924 setzte sich Gramsci mit seiner politischen Orien-

---

[12] Togliatti: La formazione, S. 64.

[13] Ebd., S. 150.

[14] Ebd., S. 193ff.

tierung in der Partei durch, so dass ihm weniger durch einen formellen Beschluss als vielmehr de facto die Führung der Partei zufiel. Es war vor allem das Ergebnis der Auseinandersetzungen in der jungen Partei mit dem Parteivorsitzenden Amadeo Bordiga wegen dessen Sektierertums und revolutionären Radikalismus – Erscheinungen, die damals in mehreren kommunistischen Parteien verbreitet waren. Es ging um die Einschätzung des Faschismus, um die Rolle der Partei, um Teilnahme oder Nichtteilnahme der Kommunisten an Parlamentswahlen, um das Verhältnis zur Sozialdemokratie usw. Für den III. Parteitag der KPI, der im Januar 1926 im französischen Lyon stattfand, verfasste Gramsci, wohl unter Mitarbeit Togliattis, Programmthesen, die auf dem Parteitag selbst beschlossen wurden, wodurch die wesentlich von Gramsci geprägte Linie der Partei bestätigt wurde.[15]

Um tiefer in das Wesen von Politik im Allgemeinen und die Funktion politischer Parteien im Besonderen einzudringen, widmete sich Gramsci in jener Zeit verstärkt auch der Geschichte Italiens des 19. Jahrhunderts in deren Verbindung von Risorgimento, ökonomischer Modernisierung und sozialer Spaltung des Landes. Im selben Jahre 1926 schrieb er eine unvollendet gebliebene Arbeit über die »Frage des Südens«, die bemerkenswerte Erkenntnisse zur italienischen Geschichte und zur Gesellschaftstheorie enthält.[16]

Noch vor seiner Anfang November 1926 erfolgten Verhaftung sandte er Anfang Oktober einen alarmierenden *Brief an das ZK der*

---

[15] In: Antonio Gramsci: Scritti politici. Hrsg. von P. Spriano. Rom 1978, Bd. 3, S. 269-305; in deutscher Übersetzung findet sich dieses Dokument in Auszügen wie auch viele andere Zeugnisse der parteipolitischen Aktivitäten Gramscis aus jenen Jahren in: A. Gramsci: Zu Politik, Geschichte und Kultur. Ausgewählte Schriften. Hrsg. von Guido Zamis. Leipzig 1980.

[16] »Alcuni temi della quistione meridionale«. Nach dem Zweiten Weltkrieg wurde diese Schrift häufig gedruckt, so z.B. in: Antonio Gramsci: Antologia degli scritti, Bd. 2, S. 49–79; Scritti politici, Bd. 3, S. 243–265. Auch in deutscher Übersetzung erschien diese Schrift mehrfach, erstmals bereits 1955: A. Gramsci: Die süditalienische Frage. Beiträge zur Geschichte der Einigung Italiens. Berlin 1955; außerdem in: U. Cerroni: Gramsci-Lexikon. Hamburg 1979, S. 165–189; in: Zu Politik, Geschichte und Kultur, S. 188–215, in: Antonio Gramsci – ein vergessener Humanist? Eine Anthologie. Berlin 1991, S. 41–68.

KPdSU nach Moskau, der wesentliche Positionen Gramscis zur inneren Verfasstheit und zu den Formen innerparteilicher Konflikte in einer kommunistischen Partei sowie zum Internationalismus im Rahmen der als Weltpartei verstandenen Komintern enthält. Er ging in bemerkenswerter Weise davon aus, dass die Komintern-Mitgliedschaft die Selbstbestimmung der KPI nicht beeinträchtigen dürfe.[17] Ihm ging es, kurz gesagt, um einen toleranten Umgang zwischen Vertretern unterschiedlicher Auffassungen in der Partei, um innerparteiliche Demokratie und um einen Internationalismus, bei dem die auch von ihm gebilligte Führungsrolle der KPdSU der freiwilligen Anerkennung seitens der anderen Parteien bedürfe.[18]

Verhaftet wurde Gramsci trotz parlamentarischer Immunität am 8. November 1926. 1927 fand ein Prozess gegen ihn statt, bei dem er zu einer mehr als zwanzigjährigen Zuchthausstrafe verurteilt wurde. In der Kerkerhaft verfasste Gramsci Tagebuchaufzeichnungen (seine *Gefängnishefte*), die sein eigentliches Hauptwerk (von mehr als 3.000 Seiten) bilden, ergänzt durch eine Vielzahl inhaltsreicher Briefe an Angehörige und Freunde. Und aus der Zeit bis zu seiner Verhaftung sind zahlreiche journalistische und publizistische Schriften, Dokumente aus der parteipolitischen Tätigkeit sowie Studien zur italienischen Nationalgeschichte überliefert.[19]

Seine gesamte Hinterlassenschaft ist ein Zeugnis seiner gewaltigen Denkkraft, seiner umfassenden Bildung, seines politischen Engagements, seines unermüdlichen Fleißes, seiner Lebenskraft und seiner großen Menschlichkeit, zugleich Zeugnis des fortschreitenden Zerfalls seiner Gesundheit. Am 27. April 1937 verstarb er an den Folgen der Kerkerhaft in einer römischen Klinik.

In diesem Beitrag ist es nicht möglich, das Gesamtwerk Gramscis mit dessen Themenvielfalt zu behandeln. Es ist lediglich beabsichtigt, einige wesentliche Aspekte näher zu betrachten, mit denen er

---

[17] In: Scritti politici, Bd. 3, S. 232-238; deutsch in: Gramsci – vergessener Humanist, S. 69–76.

[18] Ausführlicher über diesen Brief siehe Abschnitt 9, S. 87ff.

[19] Siehe: H. Neubert: Die publizistischen Aktivitäten und theoretischen Leistungen Antonio Gramscis (mit einem strukturierten Überblick über seine schriftliche Hinterlassenschaft und die Abfolge ihrer italienischen und deutschen Edition). In: Beiträge zur Geschichte der Arbeiterbewegung, 2/1997.

das damalige marxistische Denken, die marxistische Revolutions- und Sozialismustheorie und die kommunistische Politik bereichert, vertieft und korrigiert hat.[20] Doch selbst dieses Anliegen muss begrenzt bleiben, da es in einem kurzen Überblickswerk nicht möglich ist, den ganzen Reichtum von Gramscis Gedanken auszuschöpfen. Um jedoch dem Leser nicht subjektive Auslegungen der theoretischen und politischen Auffassungen Gramscis zu suggerieren, sondern ihm zu ermöglichen, selbst sich ein Urteil zu bilden, werden ausführliche Zitate angeführt. Was Gramsci darüber hinaus zur Literatur, darunter auch zur Trivialliteratur, zum Theaterleben, zur Pädagogik, zur Sozialpsychologie, zum politischen Stellenwert von Alltagsbewusstsein, zur Religion usw. geschrieben hat, kann in diesem Beitrag nicht in Betracht gezogen werden.

---

[20] Vorliegender Beitrag fußt auf überarbeiteten und zusammengefassten eigenen früheren Publikationen zu Gramsci, so vor allem:
– Einleitung zu: Antonio Gramsci – vergessener Humanist? Eine Anthologie. Berlin 1991.
– Von Sozialismus und Demokratie – Antonio Gramsci. Berlin 1991, Controvers, hrsg. von der Kommission Politische Bildung der PDS.
– Zur »Machtfrage« in der marxistischen Theorie. Der Beitrag Antonio Gramscis. Hrsg. von Helle Panke e.V. Berlin 1994.
– Die Dialektik von ziviler und politischer Gesellschaft bei Gramsci und deren Dysfunktion im »realen Sozialismus«. In: Z. – Zeitschrift Marxistische Erneuerung, 7/1991.
– Antonio Gramscis Gesellschafts-, Macht- und Parteikonzept. In: Vielfalt marxistischen Denkens. Hrsg. von Helle Panke. Berlin 1995.
– Antonio Gramsci in der Tradition des marxistischen Denkens. In: Berliner Dialog-Hefte. Zeitschrift für den christlich-marxistischen Dialog, 4/1995.
– Zum Parteikonzept Antonio Gramscis. In: Uwe Hirschfeld: Gramsci-Perspektiven. Beiträge zur Gründungskonferenz des Berliner Instituts für Kritische Theorie e.V. vom 18. bis 20. April 1997. Berlin/Hamburg 1998 (Argument-Sonderband Neue Folge AS 256), S. 106–117.
– Antonio Gramsci – Philosophie der Praxis. Rezension zu: Gefängnishefte. Kritische Gesamtausgabe, Band 7. Hrsg. vom Deutschen Gramsci Projekt unter der wissenschaftlichen Leitung von Klaus Bochmann und Wolfgang Fritz Haug. Hamburg 1996 (Der erste Band der deutschen Edition der Gefängnishefte erschien 1991), in: Sozialismus, Heft 1/1997. Hamburg.

2. Unterschiedliche Rezeptionen

Wer sich mit Gramsci beschäftigt, der weiß sehr gut, dass im Verlauf der Zeit das Interesse an seinem Werk nicht nur wechselvoll war, sondern dass es auch ganz unterschiedliche Interpretationsmodelle gab und gibt, so dass eine Analyse der Literatur über Gramsci ein Thema für sich wäre. Seine politischen und theoretischen Vorstellungen, die er bis zu seiner Verhaftung entwickelt hat, fanden damals keine große Verbreitung. Sie wurden zwar teilweise von Lenin zur Kenntnis genommen, waren ansonsten aber nur in Italien, und dort wohl auch nur in der sich formierenden kommunistischen Partei, bekannt und wirksam. Obwohl seine *Gefängnishefte* bereits kurz nach seinem Tode, also noch in den 30er Jahren, nach Moskau gelangten, wurden sie aber erst seit der zweiten Hälfte der 40er Jahre von Togliatti in Italien selektiv publiziert.

Ohne Zweifel hatte Gramscis Denken seit 1944, als die Partei wieder legal im Lande tätig wurde und Togliatti aus dem Moskauer Exil nach Italien zurückgekehrt war, einen beachtlichen Einfluss auf das Selbstverständnis und die politisch-strategische Orientierung der IKP,[21] die – möglicherweise gerade deshalb – im Vergleich zu anderen kommunistischen Parteien stets originelle, zum Teil umstrittene Züge besaß. In der internationalen kommunistischen Bewegung wurde Gramscis Werk nach dem Zweiten Weltkrieg zwar mit Respekt aufgenommen und zum Teil auch in andere Sprachen übersetzt,[22] doch blieb es auch dann für das dominierende kommunistische Marxismus-Leninismus-Verständnis und die kommunistische Politik außerhalb Italiens ohne jegliche Wirkung.

Bei der Beschäftigung mit Gramsci wurde man früher und wird man noch heute mit verschiedenen, mehr oder weniger tenden-

[21] Die KPI (Kommunistische Partei Italiens, Sektion der Kommunistischen Internationale) änderte nach der Auflösung der Komintern 1943 ihren Namen in IKP (Italienische Kommunistische Partei).

[22] Über Publikationen von Texten Gramscis in der DDR siehe den Beitrag: Die publizistischen Aktivitäten [...] (Anm. 19).

ziösen Arten der Rezeption seines Werkes konfrontiert. Da man bei der Einschätzung seiner Hinterlassenschaft und bei der Frage nach dessen Aktualität die Zeitbezogenheit seiner Äußerungen berücksichtigen muss, besteht bereits ein Ermessensspielraum darüber, was von ihm zum bleibenden oder wenigstens zum heute noch nutzbaren historischen Fundus bei der Erneuerung des Marxismus zuzurechnen ist. Es gab auch Versuche, ihn überhaupt aus der marxistischen Denktradition auszuschließen und deshalb der Frage nach seinem »Verhältnis zum Marxismus« nachzugehen.[23]

Ein zum Teil selektiver und utilitaristischer Umgang mit Gramscis Hauptwerk, seinen *Gefängnisheften*, wird aufgrund der Art des Zustandekommens und der Anlage erleichtert. Es handelt sich um Notizen, die er unter den Bedingungen der Abgeschiedenheit in der Kerkerhaft zwecks späterer Über- und Weiterverarbeitung in Schulhefte zwischen Februar 1929 und der zweiten Hälfte des Jahres 1935 niedergeschrieben hatte. Häufig hat er gleichzeitig und parallel seine Gedanken zu verschiedenen Themen notiert, so dass die in den Heften enthaltenen Aussagen zu bestimmten Themen vielfach einen fragmentarischen und mosaikartigen Charakters besitzen. Hinzu kommt, dass er manche Teile später überarbeitete, so dass die *Gefängnishefte* drei Fassungen aufweisen, in denen ein und dasselbe Problem unterschiedlich formuliert sein kann.[24] Somit lassen die Aufzeichnungen verschiedene Stufen eines Denkprozesses mit neuen Einsichten und mit Korrekturen erkennen.

Will man, wie es notwendig ist, sein Werk thematisch erfassen, ist ein hohes Maß an Fähigkeit zur Systematisierung, zur richtigen Zuordnung sowie an Interpretationsvermögen erforderlich, was bereits den Herausgebern seiner Werke große Mühe abverlangte. Die

[23] Genannt sei z.B. das Buch von Christian Riechers: Antonio Gramsci. Marxismus in Italien. Frankfurt a.M. 1970. Dort heißt es u.a.: Man müsse Gramscis Schriften »auf ihr Verhältnis zum Marxismus untersuchen, dem sie – ob unwissentlich oder wider besseres Wissen – jahrelang fälschlich zugeordnet wurden«.

[24] Es handelt sich um Fassung A als Erstaufzeichnung, die sodann als Fassung C in überarbeiteter Form (von ganz wenigen Ausnahmen abgesehen) vorliegt; und um Fassung B als diejenige, die nur in einer, in der ursprünglichen Niederschrift überliefert ist. Dabei erscheinen mehrere Texte der Fassung A in der überarbeiteten Fassung C in einem veränderten Kontext.

Schwierigkeiten im Umgang mit dem Gesamtwerk Gramscis und bei der Interpretation einzelner Aussagen verleitet gelegentlich zur unkorrekten bzw. oberflächlichen, einseitigen Wiedergabe seiner Gedanken. Gramsci selbst, der sehr stark von Benedetto Croce beeinflusst war, sich zugleich aber tiefgründig mit ihm in den *Gefängnisheften* auseinandersetzte, hat eine solche Praxis am Beispiel des »unseriösen« Umgangs mit dem Werk Croces kritisiert, indem er betonte, man könne dessen Theorien »akzeptieren oder zurückweisen, man sollte sie aber genau kennen und sorgfältig zitieren«.[25]

Sehr treffend hat sich Joseph A. Buttigieg, ein in den USA lebender ausgewiesener Gramsci-Herausgeber und -Forscher über die *Gefängnishefte* geäußert: »Bei dem besonderen Charakter der *Gefängnishefte* wird selbst ein aufmerksamer Leser sich kaum genötigt fühlen, nach der Bedeutung eines jeden kleinen Fragments zu fragen; schließlich hat man es hier nicht mit einem Roman oder einer ausgearbeiteten ›wissenschaftlichen‹ Darlegung zu tun, bei der man annehmen darf, dass jedes Element einer mehr oder minder präzisen Darstellungsabsicht zuzuordnen ist. Gleichzeitig ist es aber mehr als wahrscheinlich, dass die Leser an den vollständigen Text der Hefte mit einer zumindest generellen Vorstellung von den darin eingeknüpften großen Themen und zentralen Motiven herangehen; sie werden also geneigt sein, jedem dieser flottierenden Bruchstücke (und sei es provisorisch) einen Ort in einer der umfassenden Kategorien wie ›Hegemonie‹, ›Kultur‹, ›Theorie der Intellektuellen‹ etc. zuzuweisen.«[26]

Lange Zeit verbreitet war – und überzeugend zu sein schien – jene Bewertung Gramscis, die Palmiro Togliatti vornahm, Gramscis Nachfolger an der Spitze der Partei, der ab 1947 die ersten Gramsci-Editionen beförderte. Von ihm liegen mehrere fundamentale Ausarbeitungen über Gramsci vor, so zum Beispiel ein Vortrag zum Thema »Der Antifaschismus Antonio Gramscis« auf einer Konferenz der Kulturvereinigung von Bari im März 1952, eine Rede zum Thema »Die Aktualität des Denkens und Handelns Gramscis«, die er

---

[25] Gefängnishefte, Bd. 7, S. 1737.

[26] Joseph A. Buttigieg: Gramscis Methode. In: Das Argument. Zeitschrift für Philosophie und Sozialwissenschaften. 1/1991, S. 9f.

im April 1957 auf einer Tagung des Zentralkomitees und der Zentralen Kontrollkommission der IKP aus Anlass des 20. Jahrestages des Todes von Gramsci hielt, und Notizen für einen Vortrag zum Thema »Der Leninismus im Denken und Handeln von Antonio Gramsci« für eine im Januar 1958 veranstaltete Konferenz über Gramsci.[27] Die auf die Zeit seit Beginn der 20er Jahre bezogene Aktualität des Denkens Gramscis bestand nach Einschätzung Togliattis »vor allem in der Tatsache, dass er Stellung bezog zur Spaltung und tiefen Krise und somit zu den objektiv herangereiften und drängenden Problemen Vorschläge und Lösungen unterbreitete, und zwar sowohl für die Arbeiterbewegung, für die nationale Kultur wie für die ganze italienische Gesellschaft. Seine Entwicklung war untrennbar verbunden mit dem realen Verlauf der nationalen und internationalen Ereignisse, mit der tragischen Erfahrung des Ersten Weltkrieges, mit dem Zusammenbruch der Gesellschaft und des liberalen Staates in Italien, mit dem Zusammenbruch einer Ordnung in Europa, die bestimmt war von einem Gleichgewicht und einer kapitalistischen Hegemonie sowie von dem stürmischen Vormarsch und Aufschwung des Imperialismus bis hin zu der Katastrophe, durch die seine Kette zerbrochen wurde. Deshalb ist seine Vorstellung durchdrungen vom Sieg der großen sozialistischen Revolution im Oktober 1917, die die Verhältnisse in der ganzen Welt veränderte, indem sie die von Lenin formulierte wissenschaftliche Prognose in die Realität umsetzte, dass der Übergang des Kapitalismus in sein imperialistisches Stadium die Periode des Niedergangs der bürgerlichen Gesellschaften und des Sieges der proletarischen Revolutionen eröffnete. Die Verschmelzung und Durchdringung von Denken und Handeln Gramscis, des Mitstreiters und Führers der Arbeiterbewegung in dieser Periode, waren deshalb eine ebenso notwendige Sache wie dies für die Entwicklung des Marxismus galt.«[28] Im

[27] 14 Beiträge Togliattis über Gramsci finden sich zusammengefasst in: Togliatti: Gramsci. Hrsg. von Ernesto Ragionieri, Rom 1967. Der Beitrag »Der Leninismus im Denken und Handeln von Antonio Gramsci« liegt in deutscher Übersetzung vor in: Palmiro Togliatti: Ausgewählte Reden und Aufsätze. Berlin 1977, S. 503ff.

[28] Togliatti: Attualità del pensiero e dell'azione di Gramsci. In: Togliatti: Opere scelte. Hrsg. von G. Santomassimo. Rom 1974, S. 887f.

Juni 1956 hob Togliatti im Bericht an das ZK seiner Partei – wohl unter dem unmittelbaren Eindruck des XX. Parteitages der KPdSU und in der Absicht, die ideologische Originalität der KPI zu betonen – einen weiteren wesentlichen Aspekt der Bedeutung Gramscis hervor: »Unsere Partei hatte das Glück, von Antonio Gramsci gegründet worden zu sein, dem Denker [...], der in Westeuropa in den letzten fünfzig Jahren den größten Beitrag zur Vertiefung und zur Entwicklung der marxistischen Theorie auf der Grundlage einer breiten Kenntnis der gesamten intellektuellen Entwicklungen des ganzen Westens und einer vertieften Kenntnis der Bedingungen unseres Landes geleistet hat.«[29]

Da es bei manchen Leuten, die sich mit Gramsci beschäftigen, vorkommt, dass man ihn als Philosophen und Theoretiker von seiner politischen Rolle als Parteiführer abstrahiert, diese Rolle also für irrelevant hält, muss man Togliatti zustimmen, wenn er betont, dass beide Formen der historischen Rolle Gramscis eine Einheit bilden, ohne die sein Werk nicht zu verstehen ist. So schrieb er: »Gramsci war Theoretiker der Politik, vor allem aber war er ein praktischer Politiker, das heißt ein Kämpfer. Seine Auffassung von Politik lehnt sowohl den Instrumentalismus als auch den abstrakten Moralismus oder die abstrakte Ausarbeitung von Theorien ab.« Die Theorie war für Gramsci nicht nur die Reflexion der Realität, sondern zugleich – und vielleicht sogar in erster Linie – ein Mittel, um die Wege für eine revolutionäre Umgestaltung der Welt zu ermitteln. Bestimmend für das Verhältnis der Kommunisten zu Gramsci in der Zeit nach dem zweiten Weltkrieg war Togliattis Interpretation, die darin bestand, Gramsci uneingeschränkt als Leninisten zu betrachten. »Gramsci übernahm unmittelbar das erste, das grundlegende Element des Leninismus, die Revolutionstheorie«, der zufolge »die proletarische und sozialistische Revolution« nicht in Ländern stattfände, »in denen die kapitalistische Wirtschaft ihren höchsten Entwicklungsstand erreichte«, sondern in Ländern, wo »die Bedingung für den revolutionären Durchbruch in der Entwicklung und im Ausbruch der Widersprüche des zur imperialistischen Phase gelangten Kapitalis-

[29] Palmiro Togliatti: Problemi del movimento operaio internazionale (1956–1961). Rom 1962, S. 127f.

mus besteht«.[30] Und Togliatti ergänzt: »Zu dem großen Strom des leninistischen politischen Denkens gehören also einerseits die beharrliche Polemik Gramscis gegen den Ökonomismus und die ökonomistischen Interpretationen des Marxismus [...], andererseits die umfassende Untersuchung, die durch die Analyse der ökonomischen Basis und ihres Wechselverhältnisses zum ideologischen, sozialen, politischen Überbau zu den revolutionären politischen Perspektiven gelangt.«[31]

Auf ein weiteres Moment sei hingewiesen, wo Togliatti eine völlige Übereinstimmung zwischen Gramsci und Lenin sah: »Ausgangs- und Zielpunkt des gesamten Leninschen Denkens ist die Lehre von der Partei und, parallel zu ihr, die Lehre von der Diktatur der Arbeiterklasse als der Bedingung für die Schaffung einer neuen Gesellschaft: Ohne die Führung durch die Partei gelangt man nicht an die Macht. Dieselbe Notwendigkeit geht aus dem gesamten Denken und Handeln Gramscis hervor.«[32] So richtig der Bezug Gramscis auf Lenin, auf die Übereinstimmung mit Lenin, wie es Togliatti beschreibt, ist, so wenig lässt sich jedoch der theoretische Beitrag Gramscis zur Entwicklung des Marxismus auf das Leninsche Theorieverständnis, besonders, was das Verständnis von Diktatur und das Parteikonzept anbelangt, reduzieren.

Gramsci selbst hat sich allerdings vielfach auf Lenin berufen und sich als Anhänger Lenins betrachtet. Und nirgends hat er von Unterschieden zwischen seinen Auffassungen und denen Lenins gesprochen. Im Jahre 1925 bekannte er in *L'Unità*: »Der Leninismus ist die politische Wissenschaft des Proletariats, die lehrt, wie alle Kräfte mobilisiert werden können, die erforderlich sind, um die bürgerliche Diktatur zu zerschlagen und die Diktatur des Proletariats zu errichten.« Ohne Leninismus sei Marx nicht zu verstehen.[33] Dennoch müssen wir, besonders vom Aspekt unserer heutigen Erkenntnis, feststellen, dass Gramsci in wesentlicher Hinsicht über

---

30 Togliatti: Ausgewählte Reden, S. 511f.

31 Ebd., S. 513.

32 Ebd., S. 521.

33 Leninismo. In: A. Gramsci: Per la verità. Scritti 1913–1926. Rom 1974, S. 332 .

Lenin hinausging und den Leninismus revidierte. Ob Togliatti sich dessen bewusst war, es auszudrücken aber wegen der Unantastbarkeit des Leninismus in der kommunistischen Bewegung oder wegen der ideologischen Disziplin der KPdSU gegenüber unterließ, ist nicht erkennbar.

Vereinfacht ausgedrückt unterscheiden sich Gramscis Auffassungen von denen Lenins, ohne diese ausdrücklich in Frage gestellt zu haben, und vor allem von den in der Komintern nach Lenins Tod herrschenden Auffassungen – der Leninismus-Interpretation Stalins – auch dadurch, dass ihnen ein gewisser Dualismus eigen ist. So postuliert und begründet er beispielsweise im Unterschied zu Lenin – in Bezug auf die Verfasstheit moderner Gesellschaften die Unterscheidung von »ziviler« und »politischer« Gesellschaft; in Bezug auf die Machtausübung deren Aufgliederung in »Herrschaft« und »Hegemonie«; in Bezug auf gesellschaftspolitische Umbrüche und Transformationen den Unterschied von »passiver Revolution« und (aktiver) Revolution; in Bezug auf den Kampf der Arbeiterklasse für Sozialismus die Unterschiedlichkeit der gesellschaftlichen Situation und Machtstrukturen in Russland und im »Westen«; demnach unterschiedliche Revolutionsmodelle für den Osten und den Westen; in Bezug auf die Rolle der (kommunistischen) Partei die Unterscheidung zwischen bürokratischem und organischem, demokratischem Zentralismus.

3. Gramscis Revolutionsverständnis in der sich verändernden Realität der 20er Jahre

Beschäftigt man sich also mit dem marxistischen Denken, den strategischen und revolutionstheoretischen Vorstellungen Gramscis, der ohne Zweifel in der Denktradition von Marx und Lenin stand und dies auch selbst bekannte, muss man die Frage beantworten, in welcher Hinsicht er den Rahmen des Theorie-, Strategie- und Politikverständnisses der II. Internationale, das heißt der Sozialdemokratie zu Beginn des Jahrhunderts sprengte, wie und wo sich seine Auffassungen von denen Lenins, der russischen Bolschewiki und besonders vom *Leninismus* der Kommunistischen Internationale in den 20er Jahren unter Stalin unterschieden. Dabei müssen selbstverständlich die Erkenntnisse Gramscis im historischen Zusammenhang betrachtet werden, worauf auch Togliatti hinwies. Er bewegte sich innerhalb der Erkenntnisgrenzen seiner Zeit; viele seiner Auffassungen erweisen sich deshalb als überholt. Die Abgeschiedenheit im Zuchthaus hat ihn außerdem daran gehindert, politisch und theoretisch immer auf dem Laufenden zu sein. Als er seine *Gefängnishefte* schrieb, hatte er offenbar keinen Zugang mehr zu Arbeiten Lenins, so dass er ihn nur aus dem Gedächtnis zitieren konnte.[34]

Wenn festgestellt wurde, dass Gramsci über Lenin hinauswuchs, dann hat das seine Gründe zum einen darin, dass er auf einem anderen Wege und in einer anderen geistigen und politischen Umwelt zum Marxismus gelangte,[35] dass er zum anderen mit einer anderen konkreten, spezifischen Situation der Arbeiterbewegung konfrontiert war als Lenin. Zum dritten musste er nach Lenins Tode im April 1924 Veränderungen in den Kampfbedingungen der revolutionären Kräfte zur Kenntnis nehmen und als Parteiführer für die

[34] So Togliatti in: Ausgewählte Reden, S. 511.

[35] Darüber neuerdings ausführlich Domenico Losurdo: Antonio Gramsci dal liberalismo al ›comunismo critico‹. Rom 1997; als gekürzte deutsche Ausgabe: D. Losurdo: Der Marxismus Antonio Gramscis. Von der Utopie zum »kritischen Kommunismus«. Erweiterte Neuauflage. Hamburg 2012.

Politik seiner Partei einschätzen, Veränderungen, die Lenin nicht voraussah, größtenteils nicht voraussehen konnte. Vor diesem Hintergrund ist die Frage zu beantworten, worin in der Geschichte des marxistischen Denkens Gramscis besonderes Verdienst bestand und was die Situation kennzeichnete, die ihn zu seinen originellen Überlegungen und Erkenntnissen veranlasste.

Zunächst waren es die Kontroversen (der Revisionismusstreit) zwischen den »orthodoxen« und »reformistischen« Auslegungen des Marxismus seit dem Ende des 19. Jahrhunderts, die Konsequenzen des Versagens der Führer der Zweiten Internationale während des Ersten Weltkrieges und die katastrophalen Folgen dieses Krieges für die kapitalistischen Gesellschaften in Europa, die bei Gramsci die Entschlossenheit reifen ließ, die gescheiterte Politik der Internationale durch eine neue, eine revolutionäre Orientierung der Arbeiterbewegung ersetzen zu müssen. Dies machte ihn zum Befürworter der russischen Oktoberrevolution von 1917 und zum Anhänger (Schüler) Lenins. Die Oktoberrevolution begriff und begrüßte er als eine tiefe Zäsur in der Geschichte der Arbeiterbewegung, als einen Wendepunkt in den theoretischen und politischen Auseinandersetzungen, die, wie erwähnt, eigentlich mit dem sogenannten Revisionismusstreit seit den 90er Jahren des 19. Jahrhunderts begonnen hatten. Die Oktoberrevolution und Lenin waren für Gramsci (wie de facto für alle Politiker und Theoretiker der Arbeiterbewegung) zur zentralen – positiven oder negativen – theoretischen und politischen Bezugs- und Orientierungskategorie geworden. Es ging damals in diesem Zusammenhang um die Einschätzung des Imperialismus, um die einzuschlagenden Wege zu einer sozialistischen Umwälzung und dabei um das Verhältnis von Revolution und Reform, um das widerspruchsvolle Dreiecksverhältnis von Sozialismus, Diktatur und Demokratie, um die Rolle und Verfasstheit einer revolutionären Partei, um die Haltung der Arbeiterbewegung zum imperialistischen Krieg, letztlich darum, ob die Oktoberrevolution mit ihrem sozialistischen Anspruch und Ziel hätte stattfinden sollen oder nicht.

Gramsci gehörte offenbar zu den wenigen Befürwortern der Oktoberrevolution, die sie vom Gesichtspunkt der allgemeinen marxistischen Revolutionstheorie historisch einzuordnen und zugleich ihre historische Spezifik zu bestimmen bemüht waren. Sie entsprach nach

Gramscis Meinung nicht dem Marxschen Kapitalismus- und Revolutionskonzept, wie es in der II. Internationale allgemein verbreitet war. Domenico Losurdo hat darauf hingewiesen, dass sich bei Marx selbst zwei unterschiedliche Versionen der Revolutionstheorie feststellen lassen und Gramsci sich dessen bewusst gewesen sein dürfte: Revolution, verursacht vom zu lösenden ökonomischen Widerspruch zwischen Produktivkräften und Produktionsverhältnissen, was für die entwickelsten kapitalistischen Länder Geltung haben sollte, und Revolution, verursacht von vielfältigen ökonomischen, sozialen, nationalen und anderen Widersprüchen, vom Grad revolutionären Bewusstseins, von der Aktivität der Massen usw., so dass eine sozialistische Revolution auch in weniger entwickelten Ländern denkbar wäre.[36]

Die erste Version bildete die Grundlage für das ökonomisch-deterministische Revolutionskonzept, wie es besonders Karl Kautsky vertrat und von Gramsci als *mechanizistisch* kritisiert wurde. Die zweite Version bildete die Grundlage für Gramscis positive Einschätzung der Oktoberrevolution, wodurch er mit Lenins Konzept von der Revolution als Bruch des *schwächsten Kettengliedes im Kapitalismus* übereinstimmte.

Bereits am 24. November 1917, also unmittelbar nach der Revolution, erschien in der Mailänder Ausgabe des *Avanti!*, des Zentralorgans der Sozialistischen Partei, sein Artikel »Die Revolution gegen das ›Kapital‹«. Er schrieb: »Die Revolution der Bolschewiki ist fest in der allgemeinen Revolution des russischen Volkes verwurzelt. Es waren die Maximalisten,[37] die bis vor zwei Monaten das notwendige Ferment bildeten, damit die Ereignisse nicht stagnieren und der Weg

---

[36] Losurdo: Der Marxismus Antonio Gramscis, S. 38ff. Losurdo verweist hierbei auf die folgenden Aussagen von Marx, die dessen unterschiedliches Revolutionsverständnis verdeutlichen: zum einen auf jene im »Kapital« (MEW, Bd. 23, S. 791), zum anderen auf jene in »Die Klassenkämpfe in Frankreich« (MEW, Bd. 7, S. 97), im »Kommunistischen Manifest« (MEW, Bd. 4, S. 493), in einem Brief an Engels im April 1856 (MEW, Bd. 29, S. 47), in einem Brief vom April 1870 (MEW, Bd. 32, S. 667–69).

[37] Gemeint sind hier in positivem Sinne die Bolschewiki, weil sie die im Februar begonnene Revolution am weitesten vorantrieben, nicht zu verwechseln mit jenen Maximalisten in der sozialistischen und kommunistischen Arbeiter-

in die Zukunft nicht dadurch unterbrochen wird, dass sich eine Ordnung in endgültiger Form – und dies wäre eine bürgerliche Ordnung – etabliert. Diese Maximalisten haben die Macht errungen, sie haben ihre Diktatur errichtet und beginnen, sozialistische Formen zu entwickeln, in denen die Revolution letztlich die Möglichkeit finden muss, ihre Entwicklung harmonisch fortzusetzen, und zwar ohne dass von den großen inzwischen realisierten Errungenschaften allzu große Erschütterungen ausgehen. Die Revolution der Bolschewiki ist mehr von der Ideologie als von den Tatsachen hervorgebracht [...] Sie war eine Revolution gegen das ›Kapital‹ von Karl Marx [...] Es war der kritische Beweis für die fatale Notwendigkeit, dass sich in Russland eine Bourgeoisie bildet, dass eine kapitalistische Ära beginnt, dass sich eine Zivilisation westlichen Typs durchsetzt, bevor das Proletariat überhaupt erst an einen Aufstand, an seine Forderungen als Klasse, an seine Revolution denken kann. Die Tatsachen haben die Ideologie überholt. Die Tatsachen haben die kritischen Schemata ad absurdum geführt, denen zufolge die Geschichte Russlands sich nach den Grundprinzipien des historischen Materialismus hätte entwickeln müssen.«[38] Als entscheidende Ursachen der russischen Revolution nennt er die Auswirkungen des Ersten Weltkrieges: »In Russland [...] hat der Krieg Willensäußerungen freigesetzt [...] Die Entbehrungen waren ungeheuer, der Hunger und der Hungertod vermochten alle zusammenschließen, veranlasste mit einem Schlag Dutzende Millionen Menschen zum Aufbegehren. Die Willensäußerungen wurden in Gleichklang versetzt, zunächst mechanisch, nach der ersten Revolution aktiv, bewusstseinsmäßig.«[39] Die Entscheidung der Bolschewiki, die Revolution durchzuführen, hielt Gramsci für historisch richtig und notwendig, »damit die russische Gesellschaft nicht einem noch schrecklicheren Zusammenbruch verfällt« und den Gelüsten der (imperialistischen) Raubtiere ausgeliefert werde.[40] Gramscis Bezug auf den *Historischen Materialismus* und das »Kapital«-Ver-

---

bewegung, die jegliche konstruktive Politik im Rahmen der kapitalistischen Gesellschaft, darunter die Teilnahme am Parlament usw., ablehnten.

[38] Antonio Gramsci – vergessener Humanist, S. 31.

[39] Ebd., S. 33.

[40] Ebd., S. 35.

ständnis war also ein Bezug auf die offizielle Lehrmeinung in der II. Internationale (namentlich Karl Kautskys); war eine Kritik an dieser deterministischen Lehrmeinung, die sich auf die erste Revolutionsversion von Marx stützte, sie verabsolutiert hatte. Die ökonomische Rückständigkeit Russlands, die Gramsci offenbar bewusst war, hielt er mit seinem Revolutionsverständnis hingegen nicht für einen Hinderungsgrund, die Revolution zu vollenden. Aus Gramscis Bewertung der Oktoberrevolution und deren Ursachen könne man, so Losurdo, schließen, dass er »möglicherweise überhaupt der erste war, der sich über das gleichzeitige Vorhandensein zweier unterschiedlicher, ja gegensätzlicher Theorien der Revolution bei Marx klar wurde«.[41]

Vom Standpunkt seines komplexen Revolutionsverständnisses und seiner generellen Befürwortung des sozialistischen Charakters der Oktoberrevolution lehnte Gramsci grundsätzlich Leo Trotzkis Konzept der *permanenten Revolution* als »mechanizistisch« ab.[42] Offenbar stimmte er Lenins und Stalins Konzept vom Sieg der Revolution zunächst in einem einzelnen Lande zu. Indem er ausdrücklich auf die Meinungsverschiedenheit zwischen Trotzki und Stalin verweist, schreibt er: »Dass die nichtnationalen (das heißt nicht auf jedes einzelne Land beziehbaren) Konzepte falsch sind, sieht man, wenn man sie ad absurdum führt: sie haben zur Passivität und Untätigkeit in zwei deutlich unterschiedenen Phasen geführt: 1. in der ersten Phase glaubte keiner, den Anfang machen zu sollen, das heißt, er war der Meinung, wenn er den Anfang machte, würde er in die Isolation geraten; darauf wartend, dass sich alle zusammen bewegten, bewegte sich indessen keiner und organisierte keiner die Bewegung; 2. die zweite Phase ist vielleicht noch schlimmer, weil man eine Form von anachronistischem und widernatürlichem ›Napoleonismus‹ erwartet (denn nicht alle geschichtlichen Phasen wiederholen sich in derselben Form). Die theoretischen Schwächen dieser modernen Form des alten Mechanizismus werden durch die allgemeine Theorie der permanenten Revolution maskiert, die nichts anderes ist als eine vage,

---

[41] Losurdo: Der Marxismus Antonio Gramscis, S. 43.

[42] Zur Kritik Gramscis an den Auffassungen Trotzkis siehe auch Anm. 73 u. 186.

als Dogma präsentierte Voraussicht, und die sich von selbst dadurch zerstört, dass sie sich nicht tatsächlich manifestiert.«[43]

Nach seinem Aufenthalt in Sowjetrussland erkannte Gramsci allerdings sehr gut die präzedenzlosen Probleme, mit denen die an die Macht gelangte Arbeiterklasse konfrontiert wurde. In einem Brief an das Zentralkomitee der KPdSU schrieb er Anfang Oktober 1926 unter anderem: »Wir kennen aus der Geschichte keine Situation, in der eine herrschende Klasse in ihrer Gesamtheit unter Bedingungen lebt, die schlechter sind als jene von bestimmten Elementen und Schichten der beherrschten und unterdrückten Klasse. Diesen unerhörten Widerspruch hat die Geschichte dem Proletariat vorbehalten; dieser Widerspruch enthält die größten Gefahren für die Diktatur des Proletariats, besonders in Ländern, wo der Kapitalismus keine große Entwicklung genommen hat [...] Das Proletariat kann deshalb nicht zur herrschenden Klasse werden, wenn es nicht mit dem Verzicht auf die korporativen Interessen diesen Widerspruch überwindet; es kann nicht seine Hegemonie und seine Diktatur erhalten, selbst wenn es herrschend geworden ist, wenn es nicht diese unmittelbaren Interessen opfert für die generellen und fortwährenden Interessen der Klasse.«[44]

Für die weitere Entwicklung der Sowjetunion sah er im Zusammenhang mit den Auseinandersetzungen in der KPdSU-Führung nach Lenins Tod, namentlich zwischen Stalin und Trotzki, auch andere ernste Probleme, vor allem die Gefahr der Spaltung der Partei, die »zur Auflösung und zur allmählichen Agonie der proletarischen Diktatur führen, [...] die Katastrophe der Revolution heraufbeschwören muss, wodurch es nicht gelingen wird, den Interventionen und den Aufständen der Weißgardisten ein Ende zu setzen«. Dass es in der KPdSU-Führung Meinungsverschiedenheiten und Auseinandersetzungen gab, schien ihm nicht ungewöhnlich zu sein. Was ihm große Sorgen bereitete, war die Art und Weise, wie sie ausgetragen wurden. Während zuvor, gemeint ist zu Lenins Zeiten, »trotz der Schärfe der Polemik die Einheit der russischen Partei nicht gefährdet war, in-

[43] Gefängnishefte, Bd. 7, S. 1692f.; siehe auch Bd. 4, S. 874.

[44] Brief an das Zentralkomitee der KPdSU (B). In: Antonio Gramsci – vergessener Humanist, S. 74f.

dem sie mit derartigen Diskussionen eine größere ideologische und organisatorische Homogenität errang«, scheine es nunmehr, »dass die gegenwärtige Verhaltensweise des Blocks der Opposition und die Schärfe der Polemik« geeignet wäre, das eigene Werk zu zerstören.[45]

In diesem Brief nimmt Gramsci nicht Stellung zur inhaltlichen Seite der Auseinandersetzung, gibt aber zu verstehen, dass er nicht mit der Opposition, das heißt mit der Linie Trotzkis, übereinstimmt, jedoch »die politische Linie der Mehrheit des ZK der Kommunistischen Partei der UdSSR grundsätzlich für richtig« hält.[46] Dennoch erinnert er daran, dass »die Genossen Sinowjew, Trotzki, Kamenjew [...] im starken Maße beigetragen /haben/, uns für die Revolution zu erziehen...; sie waren unsere Lehrer«,[47] was wohl bedeutet, dass sie keine Feinde der Revolution sein konnten, als die sie behandelt wurden.

Mit Trotzki hat sich Gramsci in den *Gefängnisheften* mehrfach auseinandergesetzt. So lehnte er auch strikt Trotzkis Konzepte und praktische Tätigkeit in der Anfangsphase des sozialistischen Aufbaus ab, besonders hinsichtlich der notwendigen »Rationalisierung der Produktion und der Arbeit« mit Mitteln der militärischen Disziplin. »Leo Dawidowitschs Richtung war mit dieser Reihe von Problemen eng verbunden [...] Ihr wesentlicher Gehalt bestand unter diesem Gesichtspunkt in dem ‚zu sehr' entschiedenen (folglich nicht rationalisierten) Willen, der Industrie und den industriellen Methoden im nationalen Leben den Vorrang einzuräumen, mit äußeren Zwangsmitteln die Disziplin und die Ordnung in der Produktion zu beschleunigen, die Gewohnheiten den Arbeitserfordernissen anzupassen. Angesichts der generellen Weise, sämtliche mit dieser Richtung verbundenen Probleme zu stellen, musste diese zwangsläufig in eine Form von Bonapartismus einmünden, daher die Notwendigkeit, sie rücksichtslos zu unterbinden. Ihre Fragestellungen waren richtig, doch die praktischen Lösungen waren von Grund auf falsch [...] Das Prinzip des direkten oder indirekten Zwangs in der Ordnung der Produktion ist richtig..., aber die Form, die es angenommen hatte, war

---

45 Ebd., S. 70.

46 Ebd., S.74.

47 Ebd., S. 76; über diesen Brief Gramscis an das ZK der KPdSU siehe auch Abschnitt 7 u. 9.

falsch: das militärische Vorbild war zu einem verhängnisvollen Vorurteil geworden und die Arbeitsheere scheiterten.«[48]

Gramsci, der ohne Zweifel als politisches Ziel die Schaffung eines sozialistischen Italiens vermittels einer proletarischen Revolution anstrebte, orientierte sich zunächst, wie das die meisten Revolutionäre taten, an den Erfahrungen der Oktoberrevolution, denen er große internationale Bedeutung beimaß. In einem Beitrag aus dem Jahre 1921 schrieb er: »Die russische proletarische Revolution ist die erste große proletarische Revolution, die siegreich mit der *Eroberung der Macht durch das Proletariat* im größten kapitalistischen Land der Welt und mit der erstmals in der Geschichte vollendeten *Errichtung der Diktatur des Proletariats* ihren Abschluss fand. Diese historische Erfahrung der russischen revolutionären Klasse hat eine gewaltige Bedeutung für das ganze internationale Proletariat und für dessen Kampf um die Befreiung.«[49] Dennoch dürfte er aber schon zu jener Zeit die Oktoberrevolution in Russland nicht als Modell für Italien angesehen haben. Bereits in dem zitierten Artikel vom November 1917 deutete er auf die Besonderheiten Russlands hin. In seinen *Gefängnisheften* hob er sodann besonders die spezifischen Merkmale im Staatswesen und in der Machtausübung hervor, mit denen die Bolschewiki historisch konfrontiert waren und die den Charakter der Revolution beeinflussten. So schrieb er: »Im Osten war der Staat alles, die zivile Gesellschaft war nicht ausgeprägt und war formlos; im Westen bestand zwischen dem Staat und der zivilen Gesellschaft ein richtiggehendes Verhältnis, und bei der Erschütterung des Staates offenbarte sich sofort eine robuste Struktur der zivilen Gesellschaft. Der Staat war nur ein vorgeschobener Schützengraben, hinter dem sich eine robuste Kette von Befestigungen und Kasematten verbarg.«[50] Erinnert sei in diesem Zusammenhang an die entsprechende Feststellung Lenins, dass im Osten die

---

[48] Gefängnishefte, Bd. 9, S. 2085f.

[49] Gramsci: Russia e Internazionale. Artikel in der von ihm herausgegebenen Zeitschrift L'Ordine Nuovo, nachgedruckt in: Gramsci: Antologia degli scritti. Bd. 1, S. 91. Hervorhebungen von mir – H.N.

[50] Antonio Gramsci: Quaderni del carcere. A cura di Valentino Gerratana. Bd. II, Turin 1975, S. 866; die deutsche, ein wenig abweichende Übersetzung in: Gefängnishefte, Bd. 4, S. 874.

Revolution leichter zu beginnen und der Sozialismus schwerer aufzubauen sei als im Westen.

Hinsichtlich der revolutionären Praxis sprach Gramsci deshalb – auch in Anbetracht der Lehren, die er aus dem Scheitern der Revolutionen im Westen nach dem Ersten Weltkrieg zog – vom »Bewegungs-(Manöver-)krieg« im Osten und vom »Stellungskrieg« im Westen: In Russland hätte es zum Erfolg der Revolution ausgereicht, die zentrale Staatsgewalt wie ein Bollwerk in einem einzigen revolutionären Akt zu erobern. Auf die westlichen Länder wäre diese Vorgehensweise nicht anwendbar. Im Westen dürfe man den Staat vom Standpunkt der Arbeiterbewegung nicht als eine von außen zu belagernde und zu erobernde Festung ansehen, sondern der Staat und die Gesellschaft müssten von innen heraus auf revolutionäre Weise – keineswegs auf dem Wege eines Staatsstreichs – transformiert werden. Die Eroberung der zentralen Staatsgewalt reiche hierzu – im Unterschied zu Russland – nicht aus, es gelte, die Mehrheit der Menschen, also die *Hegemonie*, zu gewinnen und so die ganze Gesellschaft zu revolutionieren.

Gramsci glaubte zunächst wie alle Kommunisten unmittelbar nach der Oktoberrevolution euphorisch, dass nunmehr der weltweite Siegeszug der Weltrevolution in Gang gesetzt worden wäre. »Die russische proletarische Revolution,« schrieb er 1921, »teilte die Welt in zwei Lager; auf der einen Seite stehen diejenigen, die für ihre Weiterentwicklung und ihren Sieg im Weltmaßstab eintreten, auf der anderen Seite diejenigen, die feindlich eingestellt sind und sie im Blut des russischen revolutionären Volkes ertränken wollen.«[51] Da sich jedoch bald herausstellte, dass sich der von den Kommunisten erwartete Siegeszug der sozialistischen Weltrevolution nicht vollzog, sondern im Gegenteil der revolutionäre Flügel der Arbeiterbewegung außerhalb Russlands eine Niederlage erlitten hatte, wovon das Scheitern der revolutionären Bewegungen in Ungarn, Deutschland, Italien zeugte, erkannte Gramsci klarer als andere Exponenten der Komintern, dass sich die Arbeiterbewegung auf die unerwartete Stabilität bürgerlicher Herrschaft

[51] Russia e Internazionale, a.a.O., S. 89.

einstellen musste und demnach eine andere Strategie und Politik als zuvor benötigte.

Zieht man seine Äußerungen über die ökonomische Krise und den Amerikanismus (Fordismus) nach dem Ersten Weltkrieg in Betracht, so wird deutlich, dass er die Stabilisierung des Kapitalismus nach der revolutionären Nachkriegskrise in Europa keineswegs als eine nur *relative* einschätzte, wie die Komintern es tat, sondern dass er erkannte, dass der Kapitalismus in Wirklichkeit in eine neue Stufe seiner Entwicklung eintrat. Diese seine Erkenntnis unterschied sich grundsätzlich von der in der Komintern verbreiteten Einschätzung, unter verkürzter Berufung auf Lenins These von der Fäulnis des Kapitalismus im imperialistischen Stadium und vom Imperialismus »als Vorabend der sozialen Revolution des Proletariats« die weitere Entwicklungsfähigkeit des Kapitalismus, von der Lenin bekanntlich ebenfalls sprach, in Abrede zu stellen. Lenin hatte unter anderem 1920 konstatiert: »Es wäre ein Fehler, zu glauben, dass diese Fäulnistendenz ein rasches Wachstum des Kapitalismus ausschließt. [...] Im großen und ganzen wächst der Kapitalismus bedeutend schneller als früher, aber dieses Wachstum wird nicht nur im allgemeinen immer ungleichmäßiger, sondern die Ungleichmäßigkeit äußert sich auch im besonderen in der Fäulnis der kapitalkräftigsten Länder«.[52] Möglicherweise hätte Lenin, wenn er noch Gelegenheit gehabt hätte, das Ende der revolutionären Nachkriegskrise und die Stabilisierung des Kapitalismus zu verarbeiten, seine Einschätzung in ähnlicher Weise wie Gramsci präzisiert.

Immerhin sah sich 1924 auch die Komintern gezwungen, in den Thesen ihres V. Kongresses über die Taktik das Ende der revolutionären Nachkriegskrise und die Stabilisierung des Kapitalismus zu konstatieren,[53] ohne jedoch, wie das Gramsci tat, die Einschätzung des Kapitalismus-Imperialismus zu modifizieren und ohne für die revolutionäre Strategie entsprechende Schlussfolgerungen zu ziehen. Auf der Tagung der Erweiterten Exekutive der Komintern im

---

[52] W. I. Lenin: Der Imperialismus als höchstes Stadium des Kapitalismus. In: Lenin: Ausgewählte Werke in sechs Bänden. Bd. II, Berlin 1973, S. 653 u. 766.

[53] Thesen und Resolutionen des V. Weltkongresses der Kommunistischen Internationale. Hamburg 1924, S. 12ff.

März/April 1925 sprach ihr Vorsitzender Georgi Sinowjew von längeren Fristen (des revolutionären Prozesses in der Welt), wandte sich gegen revolutionäre Ungeduld,[54] hielt es aber zugleich für erforderlich, davor zu warnen, die »Feststellung über die teilweise Stabilisierung des Kapitalismus in manchen Ländern Europas« zu übertreiben und aus ihr falsche Schlüsse zu ziehen, da die »Ära der proletarischen Weltrevolution, die 1917 ihren ersten Sieg erfochten hat,« andauere.[55] Im Januar 1926 wurde von der Agitprop-Kommission des Exekutivkomitees konstatiert, man befände sich in der »Etappe ›zwischen zwei Wellen der Revolution‹ [...] Die *Relativität* der Stabilisierung [...] innerhalb der Epoche des Imperialismus, das heißt des sterbenden, verfaulenden Kapitalismus« bedeute zwar, dass der Kapitalismus die »Demobilisierungskrise« überwunden hätte, dennoch die Leninsche Grundauffassung vom »fortschreitenden Zerfall und Absterben der kapitalistischen Weltwirtschaft und der Aktualität der Weltrevolution« gültig bliebe.[56]

Der Verweis auf die offizielle Auffassung der Komintern ist deshalb sinnvoll, weil erst im Vergleich hierzu Gramscis eigenständige Einschätzung der Lage erkennbar wird. Auch er sprach von der Krise des Kapitalismus, doch schätzte er sie vom Gesichtspunkt der politischen Aktion sehr differenziert ein. In einem Bericht, den er am 2. August 1926 dem Zentralkomitee der KPI gab, erklärte er, dass »in Ländern des fortgeschrittenen Kapitalismus die herrschende Klasse über politische und organisatorische Reserven verfügt, die sie in Russland zum Beispiel nicht besaß. Das bedeutet, dass auch die schwersten ökonomischen Krisen keine unmittelbaren Auswirkungen auf politischem Gebiet haben.«[57]

---

[54] Sinowjew: Die internationalen Perspektiven und die Bolschewisierung. In: Protokoll. Erweiterte Exekutive der Kommunistischen Internationale. Moskau, 21. März – 6. April 1925. Hamburg 1925, S. 21.

[55] Schlusswort Sinowjews zu diesem Tagesordnungspunkt, ebd., S. 323.

[56] Zum zweiten Jahrestag des Todes Lenins. Die weltwirtschaftliche und weltpolitische Lage und die Perspektive der Weltrevolution. In: Internationale Presse Korrespondenz, Nr. 10 vom 14. Januar 1926, S. 125.

[57] Zit. von Ernesto Ragionieri: Gramsci e il dibattito teorico nel movimento operaio internazionale. In: Letture di Gramsci. Hrsg. Antonio A. Santucci, S. 145, nach einem unveröffentlichten Redemanuskript Gramscis aus dem Archiv der IKP.

Gramsci wies darauf hin, dass es unter anderem erforderlich sei zu klären, »dass die Krise innere Ursprünge hat, in den Produktions- und folglich Austauschweisen, und nicht in politischen und juristischen Tatsachen«. Es handele sich um eine »›Dauerkrise‹ [...], das heißt eine blitzartige Bewegung von Elementen, die einander das Gleichgewicht hielten und sich immunisierten. An einem bestimmten Punkt haben einige Elemente die Oberhand gewonnen, andere sind verschwunden oder innerhalb des allgemeinen Rahmens untauglich geworden«. Indem er auf das internationalisierte Wirtschaftsleben zum einen und das sich selbst genügende staatliche Leben zum anderen als einen der Grundwidersprüche hinweist, wäre es seiner Meinung nach am treffendsten zu sagen, »dass die ›Krise‹ nichts anderes ist als die quantitative Verstärkung bestimmter, weder neuer noch origineller Elemente, insbesondere aber die Verstärkung bestimmter Phänomene, während andere, die zunächst gleichzeitig mit den ersten, diese immunisierend, auftraten und wirksam wurden, unwirksam geworden oder völlig verschwunden sind«.[58] Daraus kann man folgern, dass Gramsci im Unterschied zur Einschätzung, die in der Komintern bestimmend war, die Krise nicht als unaufhaltsamen, gesetzmäßigen Niedergang des Kapitalismus, sondern als einen ökonomischen Anpassungs- und Erneuerungsprozess des Systems begriff. So gesehen werden seine Äußerungen über den Fordismus noch verständlicher.[59] Einen direkten kausalen Zusammenhang zwischen der Krise des Kapitalismus und einem unaufhaltsamen Fortgang der *Weltrevolution* hat Gramsci verständlicherweise nicht angenommen.

Unmittelbar mit diesen Überlegungen Gramscis ist der vom ihm gebrauchte Begriff der *passiven Revolution* verbunden. Er stellte die »Frage, ob der Amerikanismus eine geschichtliche ›Epoche‹ bilden kann, ob er eine schrittweise Entwicklung vom an anderer Stelle untersuchten Typus der fürs letzte Jahrhundert charakteristischen ›passive Revolutionen‹ hervorbringen kann, oder ob er statt dessen nur die molekulare Anhäufung von Elementen darstellt, die

---

[58] Gefängnishefte, Bd. 7, S. 1717f.

[59] Dem Problem des Americanismo und des Fordismo widmete Gramsci das Heft 22 seiner Gefängnishefte, siehe Bd. 9, S. 2063ff.

dazu bestimmt sind, eine ›Explosion‹ hervorzurufen, das heißt, einen Umsturz französischen Typs«.[60] *Passive Revolution* als historische Erscheinung, die er für Italien im 19. Jahrhundert feststellte, setzte er also ins Verhältnis zur *aktiven Revolution*, namentlich zur Großen Französischen Revolution von 1789. An anderer Stelle schrieb er: »Der Begriff der passiven Revolution scheint mir nicht nur für Italien passend zu sein, sondern auch für die anderen Länder, die den Staat über eine Reihe von Reformen oder nationalen Kriegen modernisieren, ohne die politische Revolution radikal-jakobinischen Typs zu durchlaufen.«[61]

Dass Gramsci im Jahre 1930 das Problem der *passiven Revolution* aufwirft und erläutert, könnte auch, wie Ragionieri vermerkt, mit Einschätzungen der Komintern zusammenhängen, die Gramsci, wenn diese Annahme stimmt, auf diese Weise ablehnte.[62] Vom 1. Juli 1929 stammen Thesen des X. Plenums des EKKI der Komintern zur internationalen Situation und zu den unmittelbaren Aufgaben der Kommunistischen Internationale. Sie enthalten folgende generelle Einschätzung der Lage: »Immer anschaulicher bestätigt sich die Richtigkeit der [...] Einschätzung der jetzigen dritten Periode des Nachkriegskapitalismus als einer Periode des Heranreifens seiner allgemeinen Krise, der beschleunigten Zuspitzung der ausschlaggebenden außen- und innenpolitischen Gegensätze des Imperialismus, die unvermeidlich zu imperialistischen Kriegen, zu den größten Klassenkonflikten, zur Phase der Entfaltung des neuen revolutionären Aufschwungs in den ausschlaggebenden kapitalistischen Ländern und zu großen antiimperialistischen Revolutionen in den Kolonialländern führen.«[63]

Indem Gramsci von *passiver Revolution* sprach, konnte er nicht der Meinung sein, in Europa gäbe es eine »revolutionäre Situation«. Dies wird auch bestätigt durch den an anderer Stelle erwähnten Bericht von Athos Lisa an Togliatti nach Moskau, dem zufolge Gramsci auf die Formierung einer breiten Kräftekoalition und die Bildung ei-

[60] Ebd., S. 2063.

[61] Ebd., Bd. 3, S. 545.

[62] Ragionieri, a.a.O., S. 149.

[63] Internationale Presse Korrespondenz, Nr. 65, 26. Juli 1929, S. 1530.

ner verfassungsgebenden Versammlung orientierte.[64] In diesem Zusammenhang sind auch Erinnerungen eines anderen Mithäftlings Gramscis in Betracht zu ziehen, der dessen Auffassungen folgendermaßen wiedergibt: In der heutigen Zeit, in der eine »ökonomische Struktur der Gesellschaft mit deren industriellen Komplexen, mit der Konstituierung der großen politischen Parteien,« existiert, »hat sich das Gefüge des modernen Staates mit den Instrumentarien der Verteidigung derart gefestigt, dass es nicht mehr möglich ist, ›zielstrebig‹ mit einem ›einfachen Angriff‹ zur Macht zu gelangen. Es geht um etwas anderes! Deshalb nicht mehr Bewegungskrieg, sondern Stellungskrieg, lehrt uns der Lehrer, für den die permanente Revolution historisch überwunden ist«.[65]

Zunächst hatte Gramsci im Hinblick auf das Beispiel »des Formierungsprozesses des modernen Staates in Italien« vom »Transformismus als eine der historischen Formen dessen, was bereits zur ›Revolution-Restauration‹ oder ›passiven Revolution‹ notiert worden ist«, gesprochen.[66] Den Begriff der *passiven Revolution*, wie er ihn auf das italienische Risorgimento anwendet, benutzt er sodann auch als Hypothese für die Funktion des italienischen Faschismus, die in der Tatsache bestehen könnte, »dass vermittels des gesetzgeberischen Eingriffs des Staates und über die korporative Organisation mehr oder weniger tiefe Veränderungen in der ökonomischen Struktur des Landes eingeführt würden, um das Element ›Produktionsplan‹ zu betonen, dass also die Vergesellschaftung und Kooperation der Produktion betont würden, ohne deshalb die individuelle und gruppenmäßige Aneignung des Profits anzutasten (bzw. sich darauf zu beschränken, sie nur zu regulieren und zu kontrollieren)«. Politisch und ideologisch komme es unter anderem darauf an, »das hegemonische System und die militärischen und zivilen Zwangskräfte, die den traditionellen führenden Klassen zur Verfügung stehen, aufrechtzuerhalten. Diese Ideologie würde als Element eines ›Stellungskrieges‹ auf dem Gebiete der

---

[64] Siehe Anm. 145.

[65] M. Garuglieri: Ricordo di Gramsci. In: Società, II, 1946, S. 692f.; zit. nach Ragionieri, a.a.O., S. 148.

[66] Gefängnishefte., Bd. 5, S. 966.

internationalen Wirtschaft dienen (die freie Konkurrenz und der freie Austausch würden dem Bewegungskrieg entsprechen), so wie die ›passive Revolution‹ es auf dem Gebiet der Politik ist«.[67] Gramscis auf die spezifische Entwicklung Italiens bezogene Schlussfolgerung verallgemeinert, bedeutet, dass die Bourgeoisie (trotz oder gerade wegen der Krise) die Fähigkeit zu einer stabilisierenden internen Transformation ihres Systems bei Aufrechterhaltung ihrer Herrschaft besitzen und realisieren kann. Offenbar denkt er an die Oktoberrevolution und die revolutionäre Nachkriegskrise, wenn er – im Hinblick auf die strategischen Konsequenzen für die sozialistische Arbeiterbewegung – hinzufügt: »In der gegenwärtigen Epoche hat es den Bewegungskrieg politisch vom März 1917 bis zum März 1921 gegeben, gefolgt von einem Stellungskrieg, dessen Repräsentant nicht nur praktisch (für Italien), sondern auch ideologisch für Europa, der Faschismus ist«.[68] Bereits in einem Bericht über die notwendige Erneuerung der Sozialistischen Partei vom Mai 1920, also vor der Gründung der Kommunistischen Partei, sah er in der Revolution nicht die einzige Perspektive für Italien: Zwei Möglichkeiten beständen in der aktuellen Phase des Klassenkampfes in Italien: »entweder die Eroberung der politischen Macht durch das revolutionäre Proletariat [...] oder eine furchtbare Reaktion seitens der besitzenden Klassen«.[69]

Entscheidend für die Modifizierung des revolutionstheoretischen Konzepts Gramscis war die Tatsache, dass die Revolution auf Sowjetrussland begrenzt blieb, die revolutionären Kräfte »im Westen« eine Niederlage erlitten und somit die Weltrevolution nicht voranschritt. Was die strategischen Konsequenzen für die sozialistische Arbeiterbewegung aus dieser Tatsache anlangte, betraf den Übergang vom *Bewegungskrieg* mit dem Ziel einer raschen Überwindung der Herrschaft der Bourgeoisie zum *Stellungskrieg*, der die revolutionären Kräfte zu einem auf längere Fristen gerichteten Kampf im Rahmen der kapitalistischen Ordnung verurteilte. Gramsci zog den Schluss, dass der Übergang zur »regulierten Ge-

[67] Ebd., Bd. 6, S. 1243.

[68] Ebd., S. 1244.

[69] Per un rinnovamento del partito socialista, a.a.O., S. 57.

sellschaft«, worunter er die kommunistische Gesellschaft verstand, »vermutlich Jahrhunderte dauern« könne,[70] dass also der sozialistische Revolutionszyklus in den erwarteten Fristen nicht zum Abschluss kommen werde.

Es gab also unleugbare Tatsachen, aus denen Gramsci die Schlussfolgerungen zog, dass sich in der ersten Hälfte der 20er Jahre vom Gesichtspunkt des Kampfes der revolutionären Kräfte für Sozialismus in der internationalen Entwicklung eine Wende vollzog beziehungsweise eine andere Strategie als die während der Oktoberrevolution und der revolutionären Nachkriegskrise in Europa erforderlich wurde. Zum einen konnte seiner Meinung nach eine sozialistische Revolution im Westen ohnehin nicht nach dem Modell der russischen Bolschewiki erfolgen, da es wesentliche Unterschiede im Verhältnis von politischer und ziviler Gesellschaft gab.[71] Zum zweiten machte das Ende der revolutionären Nachkriegskrise in Europa generell den Übergang vom kurzfristigen »Manöverkrieg« zum langwierigen »Stellungskrieg« notwendig. Gramsci nahm an, dass auch Lenin zu jener Zeit verstanden hätte, »dass es einer Wende vom Bewegungskrieg, der 1917 siegreich im Osten angewandt worden war, zum Stellungskrieg bedurfte, welcher der einzig mögliche im Westen war [...] Dies scheint mir die Formel von der ›Einheitsfront‹ zu bedeuten [...] Nur dass Iljitsch die Zeit nicht hatte, seine Formel zu vertiefen, wobei auch zu berücksichtigen ist, dass er sie nur theoretisch vertiefen konnte, während die Hauptaufgabe national war, das heißt eine Erkundung des Terrains und eine Fixierung der Elemente von Schützengräben und Festung erforderte, die durch die Elemente der Zivilgesellschaft repräsentiert wurden.«[72] In diesem Kontext vermutete Gramsci, dass Trotzkis »berühmte Theorie über die *Permanenz* der Bewegung [...] der politische Reflex der Theorie des Bewegungskrieges« sein könnte,

---

[70] Gefängnishefte, Bd. 4, S. 888.

[71] Siehe Anm. 50.

[72] Gefängnishefte, Bd. 4, S. 873f. Diesem Zitat folgt jenes, auf das in Anm. 50 verwiesen wird.

was für ihn ein weiterer Grund war, dessen Theorie der permanenten Revolution abzulehnen.[73]

Von Bedeutung war für Gramsci auch, dass die inspirierende und mobilisierende Nachwirkung der Oktoberrevolution auf die Arbeitermassen im Westen durch den wachsenden zeitlichen Abstand trotz der fortbestehenden Sympathien für Sowjetrussland immer mehr abnahm, worauf er in dem Brief an das ZK der KPdSU hinwies.

In dieses Entwicklungschema ordnete Gramsci also auch den Sieg des Faschismus 1922 in Italien ein, der der Offensive der revolutionären Bewegung ein Ende bereitete und eine »Phase der Reaktion« einleitete. Die gesamte Arbeiterbewegung war bekanntlich von dieser Wende überrascht und hatte große Schwierigkeiten, das Wesen des Faschismus richtig zu erfassen. Die Frage, die vor allem in der Kommunistischen Internationale erörtert wurde und tatsächlich zu beantworten war, bestand darin, welchen Platz der Faschismus im bürgerlichen Herrschaftssystem und somit im Kampf für eine sozialistische Revolution einnimmt. Man sah in der Komintern praktisch, aber irrtümlich, die Thesen vom Niedergang der bürgerlichen Gesellschaft, von der allgemeinen Krise und der Fäulnis des Kapitalismus in seinem imperialistischen Stadium, vom Imperialismus als Vorabend der sozialistischen Revolution bestätigt.

Da die KPI als erste Partei mit dem Faschismus konfrontiert war, war es unumgänglich, dass sie auch als erste Partei Position bezog und ihre Politik unter den veränderten Bedingungen bestimmte. Die Einschätzung, die ihr Vorsitzender Amadeo Bordiga formulierte, entsprach der damaligen Meinung der Mehrheit der Kommunisten, dass nämlich der Faschismus nun die einzige Herrschaftsform der Bourgeoisie wäre, die ihr noch verbliebe, so dass man annahm, alle kapitalistischen Länder würden sich tendenziell zum Faschismus hin entwickeln und es bliebe für die Arbeiterbewegung als einzige Alternative zum Faschismus nur der Sozialismus via proletarische Revolution. Es war eine Einschätzung, welche die Parteien der Komintern bis zum Vorabend ihres VII. Kongresses 1935 beibehielten. Zitiert sei aus einem Artikel Bordigas 1925 in *L'Unità*: »Im Faschismus und in der allgemeinen Gegenoffensive der Bourgeoisie sehen

---

[73] Ebd., siehe auch Anm. 42.

wir keine Veränderung im Sinne eines Bruchs der Politik des italienischen Staates, sondern die natürliche Fortsetzung der vor und nach dem Kriege durch die ›Demokratie‹ angewandten Methode. Wir glauben nicht an die Gegenüberstellung von Demokratie und Faschismus.« Faschismus könne nur durch den Sturz des Kapitalismus überwunden werden.[74]

Die moderne kommunistische Bewegung und der Faschismus, beide in der revolutionären Nachkriegskrise entstanden, erwiesen sich ohne Zweifel von Anfang an als die politischen Pole in der kapitalistischen Gesellschaft. Beide stellten für einander Hauptfeinde dar, die kommunistische Bewegung als Repräsentanz der revolutionären Teile der Arbeiterklasse und als Promotor der sozialistischen Revolution, der Faschismus als das konterrevolutionäre Bollwerk der Bourgeoisie mit einer breiten Massenbasis. Demnach galt für beide Pole de facto, dass die bürgerliche Demokratie gescheitert und somit nicht mehr verteidigungswürdig wäre. In diesem Denkschema polarer Frontenbildung wurden der politischen Mitte und ihrem Umfeld, der gemäßigten, sozialdemokratischen Linken wie auch den liberalen Demokraten, von beiden Polen keine eigenständigen politischen Existenzchancen mehr eingeräumt. Hieraus erklärt sich die Position, die auch die Kommunistische Partei Deutschlands zu Beginn der 30er Jahre vertrat: Zum einen wurde zu Recht eingeschätzt, dass die sozialen und geistigen Wurzeln des Faschismus im Kapitalismus liegen und eben dieser ihn als Gegenpol zum Sozialismus hervorbringt, dass somit Sozialismus dem Faschismus als Machtsystem gänzlich den Boden zu entziehen vermag; zum anderen aber war es eine Fehleinschätzung, Sozialismus unter den gegebenen Bedingungen als die einzige Alternative zum Faschismus zu begreifen, der Bourgeoisie also fortan das Vermögen abzusprechen, eine bürgerlich-demokratische Ordnung beizubehalten bzw. zu ihr zurückzufinden; und schließlich war es verhängnisvoll, eine sozialistische Revolution, die Errichtung der Diktatur des Proletariats und die Schaffung eines Sowjetdeutschlands Anfang der 30er Jahre im Kampf gegen den Faschismus in Anbetracht der bestehenden Kräfteverhältnisse für durchführbar zu halten. Äußerst

[74] L'Unità, Rom, 6. September 1925.

widersprüchlich war deshalb das Verhältnis der KPD zur Weimarer Republik und demnach auch die strategische Orientierung in ihrem Programm zur nationalen und sozialen Befreiung vom August 1930.[75]

Diese generelle Position der Komintern war der ideologische Boden für die Etikettierung der Sozialdemokratie als *sozialfaschistisch,* die bereits kurz nach dem Sieg des Faschismus in Italien, selbstverständlich auch eingedenk der Rolle der deutschen Sozialdemokratie während der Novemberrevolution 1917, verkündet wurde. Ob diese Einschätzung nun auf Stalin und Sinowjew oder auf Bordiga zurückgeht, ist in unserem Zusammenhang nicht wichtig. Bordiga hatte dies auf dem V. Kongress der Komintern 1924 wie folgt formuliert: »Wir müssen uns darauf gefasst machen, dass die beiden Methoden der bürgerlichen Offensive eine Synthese bilden werden, und dass die Sozialdemokraten und Faschisten zusammen eine scharfe Offensive gegen die revolutionäre Bewegung unternehmen und in Gemeinschaft als Gegner auftreten werden, gegen den der Weltkommunismus zu kämpfen haben wird.«[76]

Bordiga mit dieser Position zu zitieren ist deshalb von Bedeutung, weil es um diese Einschätzung des Faschismus in der KPI zu einer Auseinandersetzung kam, bei der die Gruppe um Gramsci zu einer anderen Einschätzung des Faschismus gelangte. Neben anderen Argumenten gehörte dieses Thema mit zu den Gründen für die Ablösung Bordigas an der Spitze der Partei und seine Ersetzung durch Gramsci. Bordiga war aber hierdurch für Gramsci nicht zur Unperson geworden. In einem Brief aus dem Gefängnis Ustica an seine Schwägerin TatJana Schucht vom 9. Dezember 1926 schrieb er, dass mit dem Dampfer, der alle zwei Tage Post bringe, »neue Freunde« ankämen, darunter auch »der Mann von Hortensia«, das heißt Amadeo Bordiga, »den zu treffen ich erfreut war«.[77]

---

[75] Programmerklärung zur nationalen und sozialen Befreiung des deutschen Volkes. In: Revolutionäre Parteiprogramme. Berlin 1964, S. 119ff.

[76] Protokoll. Fünfter Kongress der Kommunistischen Internationale. Hamburg, o.J., S. 397.

[77] Antonio Gramsci – vergessener Humanist, S. 112. Es ist aber bezeichnend, dass Bordiga, der später aus der Partei ausgeschlossen worden war, nach 1945 für

Worin bestand Gramscis Position? Er hatte begriffen, dass das Aufkommen des Faschismus nicht nur eine Niederlage der Arbeiterbewegung darstellte, sondern zugleich eine Niederlage der bürgerlichen Demokratie und des Liberalismus. Er stellte deshalb die These in Abrede, dass der Faschismus nunmehr die bürgerliche Herrschaft an sich wäre und es zwischen Faschismus und bürgerlicher Demokratie keinen Unterschied mehr gäbe. In der Folgezeit widmete er sich, um vorauszugreifen, deshalb der Neubewertung der Strukturen der bürgerlichen Gesellschaft, der Rolle der agierenden politischen Kräfte, darunter der einer revolutionären Partei, des Zusammenhangs von Basis und Überbau, von Herrschaft und Demokratie, von Staat und Zivilgesellschaft, von Ökonomie und Politik usw. Bereits bevor Mussolini Regierungschef wurde, charakterisierte er den Faschismus, so im April 1921, als eine »degenerierte Kraft der Bourgeoisie«, als eine »bewaffnete Garantie des Klassenstaates«, als ein »Phänomen der bourgeoisen Reaktion«;[78] und im Sommer 1921 gab er zu verstehen, dass er im Faschismus nicht eine unabwendbare Transformation bürgerlicher Herrschaft sah, sondern die ihres reaktionärsten Teils, und zwar als Ergebnis eines »Staatsstreichs«, eines Staatsstreichs »des Generalstabs der Großgrundbesitzer und der Bankiers«; dies sei »das drohende Gespenst, das seit dem Beginn der Legislaturperiode über ihr schwebt«.[79]

Umfassend formulierte Gramsci seine Position in den Programmthesen für den III. Parteitag der KPI im Jahre 1926: »Der Faschismus als Bewegung der bewaffneten Reaktion, die sich das Ziel stellt, die werktätige Klasse zu zersplittern und zu desorganisieren, um sie zu entwaffnen, betritt die Bühne der traditionellen Politik der italienischen herrschenden Klassen [...] Auf politischem Gebiet kann im Faschismus hingegen die organische Einheit der Bourgeoisie nicht sofort nach der Machtergreifung hergestellt werden. Außerhalb des Faschismus verbleiben Zentren der bürgerlichen Opposition

---

Togliatti offenbar als Unperson galt, da er in seiner Edition der Briefe aus dem Kerker vom Jahre 1947 (deutsche Ausgabe von 1956) diese Stelle gestrichen hatte.

[78] Sintomi. In: L'Ordine Nuovo, 2. April 1921, zit. nach: Antologia degli scritti, Bd. 1, S. 115.

[79] Socialisti e fascisti. In: L'Ordine Nuovo, 21. Juni 1921; nachgedruckt in: Scritti politici. Bd. 2, S. 224.

gegen den Faschismus [...] Auf ökonomischem Gebiet agiert der Faschismus als Instrument einer Industrie- und Agraroligarchie, um in den Händen des Kapitalismus die Kontrolle über alle Reichtümer des Landes zu konzentrieren [...] Das Resultat dieser komplexen Aktivität der Reaktion und der Unterdrückung ist das Missverhältnis zwischen dem realen Verhältnis der sozialen Kräfte und dem Verhältnis der organisierten Kräfte, weswegen eine scheinbare Rückkehr zur Normalität und zur Stabilität einhergeht mit einer Verschärfung der Gegensätze, die geeignet sind, in jedem Moment auszubrechen in der Richtung neuer Wege.«[80]

Überliefert ist die Wiedergabe einer Rede Gramscis, die er im Sommer 1925 auf einer Aktivtagung der KPI-Föderation in Mailand gehalten hat. Ein Teilnehmer hat folgendes notiert: »Das italienische Volk kämpft in diesem Moment nicht für die Diktatur des Proletariats, sondern für die Demokratie. Wer das nicht versteht, versteht nicht die Bedeutung der Ereignisse, die sich vor unseren Augen abspielen.«[81]

Schließlich sei noch eine Äußerung Gramscis in den *Gefängnisheften* über die Diktaturen seiner Zeit angeführt, womit er allerdings außer dem Faschismus auch das Stalinsche Regime in der Sowjetunion gemeint haben könnte: »Die zeitgenössischen Diktaturen beseitigen auf legale Weise auch diese neuen Formen von Selbständigkeit [gemeint ist die Autonomie von Parteien, Gewerkschaften, kulturellen Vereinigungen, die sich der Hegemonie der führenden und herrschenden Gruppe entzogen haben – H.N.] und bemühen sich, sie der staatlichen Aktivität einzuverleiben: die legale Zentralisierung des gesamten nationalen Lebens in den Händen der herrschenden Gruppe wird ›totalitär‹.«[82]

Es soll aber nicht verschwiegen werden, dass es trotz der dominierenden Einschätzung des Faschismus auch in der KPD und in der Zentrale der Komintern in Moskau andere Auffassungen gab,

---

[80] La situazione italiana e i compiti des PCI. In: Scritti politici. Bd. 3, S. 279-283; Auszüge in Deutsch in: A. Gramsci: Zur Politik, Geschichte und Kultur. Ausgewählte Schriften. Leipzig 1980, S. 148-163. Hervorhebungen von mir – H.N.

[81] Nach der Mitschrift von Giovanni Farina; zit. in: Giuseppe Fiori: Das Leben des Antonio Gramsci. Berlin 1979, S. 184.

[82] Gefängnishefte, Bd. 9, S. 2194.

die denen Gramscis, nahe kamen. August Thalheimer, der Anfang der 20er Jahre an der Spitze der KPD gestanden hatte und später ausgeschlossen worden war, gelangte als Vertreter der KPD-Opposition in seiner Kritik am Programmentwurf der Komintern von 1928 in der KPDO-Zeitschrift »Gegen den Strom« zu folgender – hier negativ formulierten – Einschätzung: »Zeitweilig wurde bei uns alles und jedes Faschismus. Der Faschismus wurde die Nacht, in der alle Klassen- und Parteiunterschiede verschwanden [...] Faschismus war nicht nur Hitler, sondern auch die deutsche republikanisch drapierte Großbourgeoisie mit Seeckt an der Spitze. Die Sozialdemokratie wurde der ›linke Flügel des Faschismus‹.«[83] Es ist zwar nicht anzunehmen, dass Gramsci die Sozialdemokratie als »sozialfaschistisch« eingestuft hat, dennoch hat er sie stets sehr kritisch eingeschätzt. Für ihn war sie schon damals keine sozialistische politische Formation mehr, sondern er teilte die Einschätzung der Komintern, dass man sie als den »linken Flügel der Bourgeoisie« entlarven müsse.[84]

In gewissem Sinne war Gramscis Auffassung vom Faschismus eine Vorwegnahme der Schlussfolgerung, die Georgi Dimitroff auf dem VII. Kongress der Kommunistischen Internationale 1935 als deren Generalsekretär wie folgt formulierte: »Der Machtantritt des Faschismus ist nicht die *einfache Ersetzung* einer bürgerlichen Regierung durch eine andere, sondern die *Ablösung* einer Staatsform der Klassenherrschaft der Bourgeoisie, der bürgerlichen Demokratie, durch eine andere, durch die offene terroristische Diktatur...«[85] Es gelte, die »Stellung zu *jenen Formen* fest/zu/legen, in die sich die Herrschaft der Bourgeoisie in den verschiedenen Ländern hüllt. Wir sind keine Anarchisten, und es ist uns durchaus nicht gleichgültig, welches politische Regime in einem Lande besteht: eine bürgerliche

---

[83] Zit. nach Mario Keßler: Die kommunistische Linke und die Weimarer Republik, in: Beilage zur Zeitschrift Das Parlament: Aus Politik und Zeitgeschichte, B 32-33/94, S. 27.

[84] Zit. nach Paolo Spriano: Gramsci in carcere e il Partito. Rom 1977, S. 58.

[85] G. Dimitroff: Die Offensive des Faschismus und die Aufgaben den Kommunistischen Internationale im Kampf für die Einheit der Arbeiterklasse gegen den Faschismus. In: VII. Weltkongress der Kommunistischen Internationale. Referate. Aus der Diskussion. Schlusswort. Resolutionen. Frankfurt a.M. 1971, S. 76.

Diktatur in der Form der bürgerlichen Demokratie [...] oder eine bürgerliche Diktatur in ihrer offenen faschistischen Form. Als Anhänger der Sowjetdemokratie werden wir jeden Fußbreit der demokratischen Errungenschaften verteidigen, die die Arbeiterklasse in jahrelangem, zähem Kampf erobert hat, und entschlossen für deren Erweiterung kämpfen.« Und deshalb hätten »die werktätigen Massen in einer Reihe von kapitalistischen Ländern *konkret* für den heutigen Tag zu wählen nicht zwischen proletarischer Diktatur und bürgerlicher Demokratie, sondern zwischen bürgerlicher Demokratie und Faschismus«.[86] Es war ein weiter Weg, den die Komintern bis zu dieser Erkenntnis und dieser strategischen Orientierung zurückgelegt hatte. Selbst nach dem Sieg des Faschismus in Deutschland vermochte sich die Neuorientierung nur gegen den Widerstand in den eigenen Reihen, namentlich auch von führenden Vertretern der KPD, durchsetzen.

---

[86] Ebd., S. 254f.

4. Aspekte des marxistischen Theorieverständnisses

Die bisherigen Darlegungen verdeutlichen zwei wesentliche Momente im Denken Gramscis: zum einen den engen Zusammenhang von Politik, Strategie und Theorie der sozialistisch-kommunistischen Arbeiterbewegung und zum anderen die Tatsache, dass er das überlieferte, vorherrschende marxistische Theoriegebäude und die Politik der II., der sozialdemokratischen, und sodann der III., der kommunistischen, Internationale nicht einfach übernahm, sie nicht als sacro sanct betrachtete, sondern in Konfrontation mit der in Veränderung begriffener Realität kritisch verarbeitete.

In seinen *Gefängnisheften* benennt er den Marxismus als die *Philosophie der Praxis*, was vielerlei Diskussionen und Interpretationen provozierte. Die einen waren der Meinung, *Philosophie der Praxis* sei lediglich eine Tarnbezeichnung, so auch Togliatti, um die Gefängniszensur zu überlisten, andere nahmen an, Gramsci hätte sich vorsätzlich vom Begriff des Marxismus losgesagt, so dass er unter *Philosophie der Praxis* keineswegs Marxismus verstanden hätte. W. F. Haug dürfte das Problem richtig erfasst haben, wenn er hierzu anmerkt: »Vielleicht kann man sich darauf einigen, dass der Name ›Philosophie der Praxis‹ mehrere Funktionen in sich vereinigt, dass er so auch die Funktion einer Tarnung mit der des substantiellen Programmbegriffs verbindet, allerdings unter der Dominanz eines Erneuerungsprojekts.«[87] Ich selbst hatte 1991 auf einen weiteren, nicht unwesentlichen Aspekt der Wortwahl Gramscis hingewiesen, da es mir wichtig schien, Gramsci in seiner Einheit als Theoretiker und revolutionärer Politiker zu begreifen: »Dass er den Marxismus als Philosophie der Praxis bezeichnete, hatte seinen Grund nicht nur darin, dass er die Gefängniszensur zu hintergehen suchte, sondern dies geschah eben auch deswegen, weil er den eigentlichen Sinn der Philosophie beziehungsweise der Theorie, wie dies bereits Marx in seinen Thesen zu Feuerbach getan

[87] Wolfgang Fritz Haug: Einleitung. In: Gefängnishefte, Bd. 6, S. 1209.

hatte, in ihrer praktischen Anwendbarkeit, in ihrer revolutionierenden Wirkung sah.«[88]

Es dürfte kein Zweifel daran bestehen, dass sich Gramsci auch in den *Gefängnisheften* noch immer zum Marxismus bekannte und Philosophie der Praxis für ihn ein Synonym dafür war. Allerdings war ihm jegliche Dogmatisierung des Marxismus, jegliche marxistische Orthodoxie fremd, wie er sie im jeweils vorherrschenden Marxismusverständnis der II. und der III. Internationale antraf und was ihn veranlasste, sich mit derartigen Erscheinungen auseinanderzusetzen. Man kann auch in dieser Hinsicht Haug zustimmen, der die eigentliche Bedeutung Gramscis für die Entwicklung des Marxismus seiner Zeit in Anlehnung an Mario Tronti wie folgt beschrieb: »Die doppelte Rückgewinnung aus den beiden seitenverkehrten Revisionen war nach Gramscis Überzeugung eine Bedingung für die Möglichkeit, entscheidende politische Kompetenz zu gewinnen. Nur eine in dieser Richtung reformulierte Philosophie der Praxis konnte sich als ›hegemoniefähig‹ erweisen, konnte auf anspruchsvolle Intellektuellenschichten ausstrahlen.«[89]

An seinem Bekenntnis zum Marxismus besteht insofern kein Zweifel, wenn man zugleich anerkennt, dass er ihn auf seine Weise rezipierte, interpretierte und entwickelte. Erwähnt wurde auch bereits sein positives Bekenntnis zum Leninismus, wobei er offenbar nicht der Stalinschen Auslegung folgte. Indem er den Leninismus als »die politische Wissenschaft des Proletariats, die lehrt, wie alle Kräfte mobilisiert werden können«, definierte,[90] dürfte er ihn vor allem als zeitgemäße Form der praktischen Umsetzung des Marxismus, als Kompendium der politischen, der revolutionären Strategie verstanden und uneingeschränkt anerkannt haben, wohl aber nicht als *den Marxismus* der Epoche.

In einem Artikel zum 100. Geburtstag von Karl Marx 1918[91] polemisierte Gramsci gegen den auf diese Weise kanonisierten Marxismus und gegen den Geschichtsdeterminismus, der praktisch jegliche poli-

---

[88] Antonio Gramsci – vergessener Humanist, S. 8f.

[89] Haug, Einleitung, a.a.O., S. 1207.

[90] Siehe Anm. 33.

[91] Unser Marx. In: Antonio Gramsci – vergessener Humanist.

tische Aktivität ad absurdum führte, die Politik zum Nachvollzug einer angeblich objektiv-gesetzmäßigen Entwicklung verurteilte. Gramscis Kritik war vor allem gegen Karl Kautsky gerichtet, der meinte, die gesellschaftliche Entwicklung sei eine notwendige, gesetzmäßige, und zwar im Sinne des notwendigen, gesetzmäßigen, kausalen Zusammenhangs aller historischen Erscheinungen; entscheidend dabei sei, dass alles in letzter Linie auf die Entwicklung der Produktionsweisen zurückzuführen sei und keineswegs andere Faktoren daneben oder ausschließlich in Rechnung gezogen werden mussten.[92] Gramsci war aber auch der Meinung, dass Kautskys Kontrahent im sogenannten Revisionismusstreit seit Ende des 19. Jahrhunderts, Eduard Bernstein, mit seinem theoretischen Konzept ebenfalls die Rolle des subjektiven politischen Faktors in der Geschichte negierte. So schrieb er: »Bernsteins Prinzip, wonach die Bewegung alles und das Ziel nichts ist, versteckt unterm Anschein ›orthodoxer‹ Auslegung der Dialektik, eine rein mechanistische Auffassung der Bewegung, bei der die menschlichen Kräfte als passive und nicht bewusste, als von den materiellen Dingen nicht unterschiedene Elemente betrachtet werden. Das ist interessant zu bemerken, weil Bernstein seine Waffen beim idealistischen Revisionismus gesucht hat, der ihn doch hätte dazu bringen müssen, das Einwirken der Menschen auf die historische Entwicklung als entscheidend zu beachten.« Und was das Verhältnis von Weg und Ziel der (revolutionären) Bewegung betrifft, fügt Gramsci hinzu: »Ohne die Perspektive der konkreten Ziele gelingt es nicht, die Bewegung aufrechtzuerhalten.«[93] Ziele zu haben ist für Gramsci demnach gleichbedeutend mit Bewusstheit, Aktivität, Zielstrebigkeit der Bewegung, eine Position, für die es heutzutage auch bei manchen sozialistischen Kräften an der nötigen Einsicht und Klarheit fehlt.

Gramsci hingegen maß ähnlich Lenin der (revolutionären) Rolle der politischen Subjekte, ihres Bewusstseins wie auch der nichtökonomischen Faktoren gesellschaftlicher Realität, wovon schon die Rede war, eine entscheidende Bedeutung bei. Die Arbeiterbe-

---

[92] So die Quintessenz seiner Schrift: Karl Kautsky, Bernstein und das Sozialdemokratische Programm. Eine Antikritik. Stuttgart 1899.

[93] Gefängnishefte, Bd. 5, S. 1099.

wegung müsse in der Lage sein, die Entwicklung in ihrem Sinne, das heißt zielbewusst, voranzutreiben. Dies brachte ihm den Vorwurf des Voluntarismus ein, und zwar von einem orthodox sozialdemokratischen Standpunkt, so z.B. von Claudio Treves, einem der Führer der Italienischen Sozialistischen Partei, einen Vorwurf, den er zurückwies, wobei er zugleich seine Kritik am dogmatischen Umgang mit der Marxschen Theorie begründete. »Die von den positivistischen Sozialisten betriebene Sterilisierung der Lehre von Marx ist genau genommen keine Errungenschaft der Kultur, und sie ist nicht einmal (notwendigerweise) von großen Errungenschaften der Realität begleitet [...] So hat Treves in seiner hohen Kultur die Lehre von Marx reduziert auf ein externes Schema, auf ein Naturgesetz, das sich fatalerweise außerhalb des Willens der Menschen, außerhalb der assoziierten Aktivität, außerhalb der sozialen Kräfte, die diese Aktivität entfalten, verifiziert, eine Aktivität, die eben gerade die Determinante des Fortschritts, das notwendige Motiv für neue Formen der Produktion ist. Die Lehre von Marx wird somit die Lehre der Untätigkeit des Proletariats«.[94] In seinem Artikel über Marx kam Gramsci auf dieses Thema zurück. Indem die »historische Kausalität zum Ordnungsprinzip für die unübersehbare Herde ohne Hirten«, für die Klasse ohne Führung, werde, gehe es um das Bewusstsein der Aufgabe, die unmittelbar in Angriff genommen werden müsse. Solange »die Herde« »nicht die Mittel besitzt [...] [und] das Suchen nicht zu einem Wollen wird«, blieben »ihre individuellen Ziele [...] reine Willkür, bloße Worte, zielloses emphatisches Suchen«. Die Rechtfertigung seiner Position leitete er mit einer Frage ein: »Voluntarismus? Das Wort bedeutet nichts, oder es wird im willkürlichen Sinne gebraucht. Wollen, marxistisch verstanden, bedeutet Bewusstheit des Zieles, was seinerseits exakte Kenntnis der eigenen Kraft und der Mittel bedeutet, diese in die Aktion umzusetzen. Es bedeutet deshalb in erster Linie Unterscheidung, Verselbständigung der Klasse, es bedeutet politisches Leben«.[95]

---

[94] La critica critica [die kritische Kritik]. In: Il Grido del popolo. (Turin), 12. Januar 1918, abgedruckt in: Scritti politici, Bd. 1, S. 144f.

[95] Unser Marx, a.a.O., S. 38f.

In diesem Artikel über Marx polemisierte Gramsci auch gegen die Erscheinungen von Dogmatismus im Umgang mit der Lehre von Marx: »Marx hat keinen kurzgefassten Katechismus geschrieben, er war kein Messias, der eine Aneinanderreihung von Parabeln hinterlassen hätte, die kategorische Imperative, unbestrittene, absolute, außerhalb der Kategorien von Zeit und Raum stehende Normen enthalten.« Gramsci betonte zugleich den universalhistorischen Charakter des Marxismus (alle, die die Welt richtig interpretieren, seien mehr oder weniger Marxisten).[96]

Entsprechende Auffassungen entwickelte er sodann in den *Gefängnisheften* weiter, und zwar im Zusammenhang mit der Rolle von Alltagsbewusstsein und Theorie, von Theorie und Praxis, der Rolle der Intellektuellen, der Hegemonie und der politischen Aktion. Dabei konstatierte er noch vorhandene Defizite im marxistischen Denken seiner Zeit: »In den jüngsten Entwicklungen der Philosophie der Praxis /ist/ die Vertiefung des Begriffs der Einheit von Theorie und Praxis erst in einer Anfangsphase: noch gibt es Reste von Mechanizismus, denn man spricht von Theorie als ›Ergänzung‹, ›Zubehör‹ der Praxis, von Theorie als Magd der Praxis«.[97] Man könne sehen, »wie sich der Übergang von einer mechanistischen und rein äußerlichen Auffassung zu einer aktivistischen Auffassung vollzogen hat, die sich [...] eher einem richtigen Verständnis der Einheit von Theorie und Praxis annähert, auch wenn sie deren gesamte synthetische Bedeutung noch nicht erreicht hat. Es lässt sich beobachten, wie das deterministische, fatalistische, mechanistische Element ein unmittelbares ideologisches ›Aroma‹ der Philosophie der Praxis war, eine Form von Religion [...] Wenn man nicht die Initiative im Kampf hat und der Kampf selbst mit einer Reihe von Niederlagen identifiziert wird, dann wird der mechanische Determinismus zu einer erstaunlichen Kraft moralischen Widerstands, Zusammenhalts, geduldiger und unbeirrbarer Beharrlichkeit [...] Der wirkliche Wille verkleidet sich in einen Glaubensakt, in eine gewisse Rationalität der Geschichte, in eine empirische und primitive Form von leidenschaftlichem Finalismus, der als Ersatz für die Prädestination, für die Vorsehung usw. der konfessio-

---

96 Ebd., S. 36.

97 Gefängnishefte, Bd. 6, S. 1384f.

nellen Religionen erscheint. Man muss darauf bestehen, dass auch in diesem Fall in Wirklichkeit eine starke Willensaktivität existiert, ein direktes Einwirken auf die ›Macht der Dinge‹ [...] Deshalb muss man immer auf die Nichtigkeit des mechanischen Determinismus hinweisen.«[98] Von dieser Position aus polemisierte Gramsci auch gegen das Buch von Bucharin über den historischen Materialismus von Anfang der 20er Jahre, indem er ihm eine Vulgarisierung des Marxismus, eine vorschnelle Systematisierung der Theorie vorwirft: »Ist es möglich, ein Elementarbuch, ein Handbuch, ein gemeinverständliches Lehrbuch zu schreiben, wenn eine Lehre noch im Stadium der Diskussion, der Auseinandersetzung, der Ausarbeitung ist? [...] Wenn eine bestimmte Lehre dieses ›klassische‹ Entwicklungsstadium noch nicht erreicht hat, scheitert jeder Versuch, sie in Lehrbuchform zu bringen, ihre logische Systematisierung ist bloß scheinbar [...] Bemerkenswert ist, dass im *Lehrbuch* eine angemessene Behandlung der Dialektik fehlt: die Dialektik wird vorausgesetzt, nicht dargestellt, was ein absurdes Verfahren ist«.[99] Es war in der Sowjetunion nicht erst Stalin, der den Marxismus simplifiziert hat.

Gramsci wandte sich gegen vorschnelle theoretische Schlüsse, wenn die Voraussetzungen dafür noch nicht gegeben waren. So schrieb er: »Nützlich und fruchtbar hierzu ist auch der von Luxemburg ausgedrückte Gedanke über die Unmöglichkeit, bestimmte Fragen der Philosophie der Praxis anzugehen, sofern sie noch nicht *aktuell* geworden sind für den Gang der allgemeinen Geschichte oder für eine gegebene gesellschaftliche Gruppierung.«[100]

Ein Grunddilemma, das fortschreitend die Krise des Marxismus (-Leninismus) in der kommunistischen Bewegung verursachte, bestand in der wachsenden Kluft zwischen Theorie und Praxis, hervorgerufen zum einen durch die Simplifizierung und Dogmatisierung des Marxismus, zum anderen durch seine Funktion, jegliche konkrete pragmatische Politik mit der marxistischen Theorie zu begründen und zu rechtfertigen. In den *Gefängnisheften* Gramscis findet sich eine sehr allgemein gehaltene Aussage, wie sich der Mangel an

[98] Ebd., S. 1386f.

[99] Ebd., Bd. 4, S. 883.

[100] Ebd., Bd. 6, S. 1479f.

Übereinstimmung von Theorie und Praxis auswirkt. Es liegt nahe anzunehmen, dass er damit das Schicksal des Marxismus in der kommunistischen politischen Praxis beschreiben wollte. Er stellte die Frage, weshalb die Menschen unruhig seien und woher die Unruhe käme. »Weil die ›Tat‹ blind ist, weil man tätig ist um der Tat willen [...] Man kann sagen, die Unruhe sei der Tatsache geschuldet, dass es zwischen Theorie und Praxis keine Identität gibt, was zugleich heißt, dass eine doppelte Heuchelei vorliegt.« Die hierauf folgende Feststellung erinnert, ob von Gramsci beabsichtigt oder nicht, an den Doppelcharakter der marxistischen Theorie im realen Sozialismus: »Man handelt, obwohl es beim Handeln eine Theorie oder implizite Rechtfertigung gibt, zu der man sich nicht bekennen will, und man ›bekennt sich‹ zu einer Theorie oder stimmt ihr zu, die keine Entsprechung in der Praxis hat. Dieser Gegensatz zwischen dem, was man tut, und dem, was man sagt, erzeugt Unruhe, das heißt Unzufriedenheit, Unbefriedigtsein...«[101]

Zur Krise des Marxismus trug ohne Zweifel bei, ihn als ein in sich geschlossenes, monolithes Theoriesystem zu betrachten und zu meinen, dass seine Entwicklung keiner Bereicherung nichtmarxistischer Theorien bedürfe, da diese schlechthin unwissenschaftlich und dekadent seien. Auch war man überzeugt, dass im Marxismus nur eine Auffassung richtig und somit verbindlich sei. Gramsci vertrat eine andere, eine dialektische Meinung hierzu. »Bei der Herangehensweise an historisch-kritische Probleme darf die wissenschaftliche Diskussion nicht als ein Gerichtsprozess aufgefasst werden, in dem es einen Angeklagten und einen Staatsanwalt gibt, der von Amts wegen beweisen muss, dass der Angeklagte schuldig ist und es verdient, aus dem Verkehr gezogen zu werden. Weil man annimmt, dass das Interesse auf die Wahrheitssuche und den Fortschritt der Wissenschaft gerichtet ist, erweist sich in der wissenschaftlichen Diskussion derjenige als weiter ›fortgeschritten‹, der sich auf den Standpunkt stellt, dass der Gegner einen Anspruch ausdrücken kann, der, wenn auch als untergeordnetes Element, in die eigene Konstruktion eingebaut werden muss.«[102] Gramsci postulierte auf diese Weise die

---

[101] Ebd., Bd. 7, S. 1681.
[102] Ebd., Bd. 6, S. 1275f.

Notwendigkeit, Auffassungen von Gegnern danach zu prüfen, in welchem Maße deren Erkenntnisse in das eigene Theoriesystem integriert werden können. Dass dies die Vertreter der bürgerlichen Ideologie mit dem Marxismus machten, um ihr theoretisches Arsenal zu bereichern und effektiver zu machen, beschreibt Gramsci folgendermaßen: »Die ›reinen‹ Intellektuellen als Ausarbeiter der weiter ausholenden Ideologien der herrschenden Klassen, als Führer der intellektuellen Gruppen ihrer Länder, kamen nicht umhin, sich wenigstens einiger Elemente der Philosophie der Praxis zu bedienen, um ihre Konzeptionen robuster zu machen und den übermäßigen spekulativen Philosophismus mit dem historischen Realismus der neuen Theorie zu mäßigen, um das Arsenal der gesellschaftlichen Gruppe, mit der sie verbunden waren, mit neuen Waffen auszustatten.«[103]

---

[103] Ebd., Bd. 8, S. 1807.

5. Zu Struktur- und Funktionsproblemen in der marxistischen Gesellschaftstheorie

Wie schon erwähnt, zeichnet sich Gramscis Gesellschaftskonzept durch einen gewissen Dualismus aus, was im Einzelnen belegt werden soll. In den zitierten Überlegungen zur Oktoberrevolution verwendet Gramsci, um deren Spezifik zu charakterisieren, zwei Kategorien, die in seinem marxistischen Theorieverständnis einen zentralen Platz einnehmen: die Kategorien *zivile* und *politische* Gesellschaft samt ihrem Wechselverhältnis. Als Begriffe kommen sie bekanntlich von den englischen und französischen Aufklärern, wurden von Hegel und auch von Marx übernommen. Marx und auch Engels unterschieden zwischen Staat als Machtinstrument einerseits und Gesellschaft andererseits. In den Frühschriften gebrauchen sie die Begriffe »bürgerliche« (»zivile«)[104] Gesellschaft. Marx spricht in der »Kritik an der Hegelschen Rechtsphilosophie« davon, »dass ein Teil der bürgerlichen Gesellschaft sich emanzipiert und zur allgemeinen Herrschaft gelangt«.[105] Wenngleich exakte und umfassende Definitionen von Staat und bürgerlicher Gesellschaft zunächst nicht gegeben werden, spielte ihre Unterscheidung auch weiterhin eine Rolle. In der »Deutschen Ideologie« war die Rede vom »Ursprung des Staats und [vom] Verhältnis des Staats zur bürgerlichen Gesellschaft«. Da der Staat die Form sei, so heißt es weiter, »in welcher die Individuen einer herrschenden Klasse ihre gemeinsamen Interessen geltend machen und die ganze bürgerliche Gesellschaft einer Epoche zusammenfasst, so folgt, dass alle ge-

[104] Im deutschen Sprachgebrauch gibt es wegen des zweifachen Sinns des Attributs »bürgerlich« terminologische Probleme. Im allgemeinen wird es heute im Deutschen im Sinne von »kapitalistisch« verwandt. Wenn von bürgerlicher Gesellschaft die Rede ist, kann deshalb somit die kapitalistische wie auch die zivile Gesellschaft gemeint sein. Und das Attribut zivil ist im Theorieverständnis von Gramsci kein Synonym für kapitalistisch.

[105] MEW, Bd. 1, S. 388.

meinsamen Institutionen durch den Staat vermittelt werden, eine politische Form erhalten«.[106]

In der auf Marx folgenden marxistischen Denktradition spielten jedoch sodann die Begriffe *politische Gesellschaft* und *Zivilgesellschaft* sowie deren Unterscheidung keine Rolle – weder bei Kautsky, bei Rosa Luxemburg noch bei Lenin. Heute werden diese Kategorien von vielen Sozialwissenschaftlern – allerdings nicht immer in gleicher Bedeutung – angewandt. Sie finden sich bekanntlich auch in der christlichen Soziallehre. Aus Kreisen der PDS wurde gelegentlich – sich auf Gramsci beziehend – von einem *zivilgesellschaftlichen Sozialismus* oder von *Zivilgesellschaft als dem eigentlichen Sozialismus* gesprochen, was nur davon zeugt, Gramscis Aussagen nicht richtig verstanden zu haben. Denn Gramsci war ohne Zweifel der Auffassung, dass er die beiden Kategorien – Zivilgesellschaft und Staat – lediglich in methodologischer Hinsicht unterscheidet, während er betont, dass sie in der gesellschaftlichen Praxis eine untrennbare Einheit bilden, und zwar auch im Sozialismus, dass also Sozialismus auch der *politischen* Gesellschaft – des Staates – bedarf. So hielt er es für einen »theoretischen Irrtum« der »Freihandelsbewegung«, beruhend »auf der Unterscheidung von politischer Gesellschaft und Zivilgesellschaft, die aus einer methodischen Unterscheidung zu einer organischen gemacht und als solche dargestellt wird. So wird behauptet, die ökonomische Tätigkeit gehöre in die Zivilgesellschaft und der Staat dürfe nicht in die Regulierung eingreifen.« Doch in Wirklichkeit – »nella realtà effettuale« – seien Zivilgesellschaft und Staat ein und dasselbe, so dass auch der Liberalismus »eine ›Regulierung‹ staatlicher Natur ist, eingeführt und aufrechterhalten auf dem Wege der Gesetzgebung und des Zwanges«.[107]

Ähnlich der Aussage von Marx in der »Kritik zum Gothaer Programm«, wonach der Staat in die Gesellschaft zurückzuholen, der Staat de facto der Gesellschaft untergeordnet sei,[108] sprach auch Gramsci vom »Wiederaufgehen der politischen Gesellschaft in der

[106] MEW, Bd. 3, S. 62.

[107] Gefängnishefte, Bd. 7, S. 1566; Quaderni, Bd. III, S. 1589f.

[108] MEW, Bd. 19, S. 27.

Zivilgesellschaft«[109] sowie an anderer Stelle davon, dass die »Zivilgesellschaft [...] gleichfalls ›Staat‹ ist, ja sogar der Staat selbst ist«.[110]

Gramsci greift den von Ferdinand Lassalle geäußerten Gedanken vom Gendarmen- bzw. Nachtwächterstaat auf und schreibt: »Wir sind noch auf dem Boden der Gleichsetzung von Staat und Regierung, einer Gleichsetzung, die gerade ein Wiederauftauchen der korporativ-ökonomischen Form ist, das heißt der Vermischung[111] von Zivilgesellschaft und politischer Gesellschaft, denn es ist festzuhalten, dass in den allgemeinen Staatsbegriff Elemente eingehen, die dem Begriff der Zivilgesellschaft zuzuschreiben sind (in dem Sinne, könnte man sagen, dass Staat = politische Gesellschaft + Zivilgesellschaft, das heißt Hegemonie, gepanzert mit Zwang).«[112]

Im historischen Prozess der Herausbildung einer relativ eigenständigen modernen zivilen Gesellschaft, den Gramsci im 19. Jahrhundert beobachtet, komme es zur Gewaltenteilung: »Die Gewaltenteilung und die gesamte Diskussion um ihre Verwirklichung und die seit ihrem Aufkommen entstandene juristische Dogmatik sind das Resultat des Kampfes zwischen [der] Zivilgesellschaft und der politischen Gesellschaft einer bestimmten historischen Periode mit einem gewissen instabilen Gleichgewicht der Klassen [...] Natürlich sind alle drei Gewalten auch Organe der politischen Hegemonie, doch in unterschiedlichem Ausmaß: 1. Parlament; 2. Justiz; 3. Regierung...«[113] Auf diese Weise entstand, so kann man sagen, die moderne bürgerliche Demokratie mit ihren nichtstaatli-

---

109 Gefängnishefte, Bd. 3, S. 685.

110 Ebd., Bd. 9, 2207.

111 Gramsci spricht hier von »confusione«. In der deutschen Ausgabe, der dieses Zitat entnommen ist, heißt es an dieser Stelle »Verwechselung«. Da Gramsci ansonsten die Unterscheidung von ziviler und politischer Gesellschaft hervorhebt, scheint es mir wahrscheinlicher, dass er mit confusione das gemeint hat, was im Lateinischen confusio, im Italienischen auch mescolanza bedeutet, nämlich Vermischung, das heißt fehlende Unterscheidung beider Kategorien, Verwischung ihrer Unterschiede.

112 Gefängnishefte, Bd. 4, S. 783.

113 Ebd., S. 772f.

chen Funktionsmechanismen und Hegemonieapparaten in Gestalt der zivilen Gesellschaft.

Die politische Gesellschaft, der Staat also, ist praktisch die organisatorische Verkörperung der machtausübenden Funktion der herrschenden Klassen. »Die geschichtliche Einheit der führenden Klassen vollzieht sich im Staat, und ihre Geschichte ist im wesentlichen die Geschichte der Staaten und der Staatengruppen...: die grundlegende geschichtliche Einheit ist in ihrer Konkretheit das Ergebnis der organischen Beziehungen zwischen Staat oder politischer Gesellschaft und ›Zivilgesellschaft‹. Die subalternen Klassen sind per definitionem keine vereinheitlichten und können sich nicht vereinheitlichen, solange sie nicht ›Staat‹ werden: ihre Geschichte ist deswegen verwoben in die der Zivilgesellschaft, ist eine ›zersetzte‹ und diskontinuierliche Funktion der Geschichte der Zivilgesellschaft.«[114]

Es drängt sich auf zu resümieren, was Gramsci unter beiden Kategorien und deren Wechselverhältnis konkret verstand. Er gelangte selbst zu dem Schluss: »Vorläufig lassen sich zwei große superstrukturelle ›Ebenen‹ festlegen, diejenige, die man die Ebene der ›Zivilgesellschaft‹ nennen kann, das heißt des Ensembles der gemeinhin ›privaten‹ genannten Organismen, und diejenige der ›politischen Gesellschaft oder des Staates‹ –, die der Funktion der ›Hegemonie‹, welche die herrschende Gruppe in der gesamten Gesellschaft ausübt, und der Funktion der ›direkten Herrschaft‹ oder des Kommandos, die sich im Staat und in der ›formellen‹[115] Regierung ausdrückt, entsprechen. Diese Funktionen sind eben organisierend und verbindend.«[116] Es ist nicht klar auszumachen, ob Gramsci den Staat nur als Herrschaftsinstrument begreift. Erinnert sei an Äußerungen von Marx und Engels, die dem Staat neben der Herrschaftsfunktion auch die notwendige Wahrnehmung gewisser Aufgaben zuschreiben, die im Interesse der Gesellschaft als Gemeinwesen und damit auch der Arbeiterklasse zu erfüllen sind. Der Staat habe zur Aufgabe, so Engels, auch »die Verrichtung der ge-

[114] Ebd., Bd. 9, S. 2194f.

[115] Im Original der Quaderni, Bd. III, S. 1518 f., »governo ›giuridico‹«.

[116] Gefängnishefte, Bd. 7, S, 1502.

meinsamen Geschäfte, die aus der Natur aller Gemeinwesen hervorgehen«.[117] Hierzu gehören die sozialen Aufgaben des Staates, die Gewährleistung von Rechtssicherheit für alle Bürger, die Verantwortung für die verschiedenen Infrastrukturen moderner Gesellschaften usw. Marx und Engels wies bereits im *Kommunistischen Manifest* darauf hin, dass die Arbeiterklasse auch in der kapitalistischen Gesellschaft in der Lage ist, in gewissem Sinne den Staat zur Wahrnehmung und zum Schutz ihrer Rechte und Interessen zu zwingen: Die politische Organisation der Arbeiterklasse, ihr Kampf »erzwingt die Anerkennung einzelner Interessen der Arbeiter in Gesetzesform«.[118] Und am Beispiel Englands befasste sich Marx später damit, wie die Arbeiterklasse mit ihrem Kampf Einfluss auf die Gesetzgebung des Staates zu nehmen in der Lage sein könne. »Der aufgeklärtere Teil der Arbeiterklasse [...] weiß, dass vor allen andern die Kinder und jugendlichen Arbeiter vor den verderblichen Folgen des gegenwärtigen Systems bewahrt werden müssen. Das kann nur erreicht werden durch Verwandlung gesellschaftlicher Einsicht in gesellschaftliche Gewalt, und unter den gegebenen Umständen kann das nur durch allgemeine Gesetze geschehen, durchgesetzt durch die Staatsgewalt. Bei der Durchsetzung solcher Gesetze stärkt die Arbeiterklasse keineswegs die Macht der Regierung. Im Gegenteil, sie verwandelt jene Macht, die jetzt gegen sie gebraucht wird, in ihren eigenen Diener. Sie erreicht durch einen allgemeinen Gesetzesakt, was sie durch eine Vielzahl isolierter individueller Anstrengungen vergeblich erstreben würde.«[119] Diese Aspekte, auf die Gramsci leider nicht eingeht, sind für die Einschätzung des bürgerlichen Staates und seiner Funktionsweise sowie für das Verhältnis der Sozialisten zu diesem Staat auch in der Gegenwart von großer Bedeutung, zumal dann, wenn es um die Bedingungen für Regierungsbeteiligungen geht. Für Gramsci scheint dies kein akutes Problem gewesen zu sein.

---

[117] Engels: Der Ursprung der Familie, des Privateigentums und des Staats. In: MEW, Bd. 25, S. 397 u. S. 389.

[118] Manifest der Kommunistischen Partei, in: MEW, Bd. 4, S. 471.

[119] MEW, Bd. 16, S. 194.

Da Gramsci letztlich keine definitiven Begriffsbestimmungen der *politischen Gesellschaft* und *zivilen Gesellschaft* gibt und die von ihm vorgenommene Unterscheidung zwischen beiden Kategorien zwar wesentlich, jedoch, dies sei wiederholt, seiner Auffassung nach nur methodischer Natur ist,[120] ließe sich wohl zusammenfassend sagen: Als *politische Gesellschaft* ist im Sinne Gramscis die Gesamtheit der staatlichen, das heißt der institutionalisierten politischen, juristischen und militärischen Machtstrukturen und -instrumente einer herrschenden Klasse, kurz gesagt, der Staat zu verstehen. *Zivile Gesellschaft* oder *Zivilgesellschaft* hingegen umfasst demnach den nichtstaatlichen Bereich der Gesellschaft, also die gesellschaftlichen Institutionen und Organisationen, die sozialen und kulturellen Beziehungen und Aktivitäten der Menschen, den geistigen, ideologischen, religiösen Überbau der Gesellschaft. Aus der Bemerkung über die Freihandelsbewegung kann man wohl schließen, dass er, wie Marx, auch die ökonomischen Beziehungen und Aktivitäten zur zivilen Gesellschaft rechnete, obwohl dies umstritten ist.

---

[120] Hierzu bemerkt Alex Demirović: »Eine begriffliche Unschärfe in seinen Formulierungen zeigt, dass Gramsci in der Zivilgesellschaft nicht nur eine Erweiterung, einen äußeren Verteidigungsring des bürgerlichen Staates im engeren Sinn sah, sondern die Basis des bürgerlichen Staates selbst.« In: Demirović: Zivilgesellschaft, Öffentlichkeit, Demokratie. In: Argument, 1/1991, S. 43.

6. Hegemonie und Machtausübung

Hat nun nach Gramscis Auffassung die methodische Unterscheidung von ziviler und politischer Gesellschaft auch im Sozialismus einen Sinn? Aus seinen Überlegungen zur Oktoberrevolution und der Rolle der Hegemonie in der Revolution dürfte klar hervorgehen, dass er diese Zweiteilung der Gesamtgesellschaft auch für den Sozialismus als Strukturform annahm. Gerade dies aber ist ein wesentlicher Punkt, wo er erstens von Lenins Gesellschaftsauffassung grundsätzlich abweicht und er zweitens ein strukturelles Defizit der sozialistischen Gesellschaften Osteuropas antizipiert. Das leninistische Gesellschafts- und Machtkonzept, besonders in seiner Ausformung durch Stalin, war hingegen – kurz und ein wenig vereinfacht ausgedrückt – ein monistisches: Staat und Gesellschaft wurden identifiziert, die Gesellschaft sozusagen verstaatlicht; außerhalb des Staates, vor allem außerhalb seiner Kontrolle sollten keine autonomen gesellschaftlichen Strukturen existieren; Gewaltenteilung (innerhalb der politischen Gesellschaft) wurde abgelehnt, und gesellschaftliche Kontrolle der Macht nicht zugelassen. Außerdem waren Partei und Staat praktisch aufs engste miteinander verflochten.

Wie wir aus der Geschichte des Scheiterns dieses sowjetischen Sozialismusmodells wissen, ließ sich die Missachtung des Dualismus von politischer und ziviler Gesellschaft auch im Sozialismus nicht auf Dauer unterdrücken. Im Endeffekt artikulierte sich die Zivilgesellschaft nicht als Pendant, sondern in einem gesellschaftlichen Konflikt als Gegensatz zur politischen Gesellschaft, was wesentlich zum Zusammenbruch des Sozialismus beitrug.[121]

Das berührt unmittelbar Gramscis Auffassung von der Macht im Allgemeinen und ihrem Charakter im Besonderen. Wenn er den Be-

[121] Verwiesen sei in diesem Zusammenhang auf einen Beitrag, der sich mit diesem Problem beschäftigt: H. Neubert: Die Dialektik von ziviler und politischer Gesellschaft bei Gramsci und deren Dysfunktion im »realen Sozialismus«. In: Z. – Zeitschrift Marxistische Erneuerung, 7/1991.

griff der *Diktatur des Proletariats* als Staatsform der sich formierenden sozialistischen Gesellschaft billigte, so nur im Zusammenhang mit seinem Verständnis von ziviler Gesellschaft und von Hegemonie, also nicht völlig im Sinne Lenins. Bekanntlich waren Lenins Auffassungen von der Macht und der Diktatur pragmatisch und nicht eindeutig. Einerseits folgte er dem Gedanken von Marx, dass die von der Arbeiterklasse auszuübende Diktatur demokratisch sei, weil sie von der Mehrheit getragen sei bzw. im Namen der Mehrheit verwirklicht werde. Andererseits bekannte er, die Diktatur des Proletariats sei »nichts anderes als die durch nichts eingeschränkte, durch keinerlei Gesetze, absolut durch keinerlei Regeln gehemmte, sich unmittelbar auf Gewalt stützende Macht«.[122] Und an anderer Stelle: »Die Diktatur des Proletariats ist der aufopferungsvollste und schonungsloseste Krieg der neuen Klasse gegen den *mächtigeren* Feind...«[123] Aus dieser Feststellung, dass die Arbeiterklasse in ihrer Revolution einem »mächtigeren Feind« gegenüberstehe, erklärt sich die von ihm verkündete rigorose Gewaltförmigkeit ihrer Handhabung bzw. Durchsetzung selbstredend. Seine Formulierung erlaubt auch anzunehmen, dass er in diesem Sinne die sozialistische Revolution de facto auch als Revolution einer Minderheit gegen eine Mehrheit befürwortete, sofern die Bedingungen der Machteroberung gegeben waren. Für Marx und Engels, die von einer zunehmenden Polarisierung der kapitalistischen Gesellschaft zugunsten einer übergroßen proletarischen Mehrheit überzeugt waren, war die Diktatur des Proletariats generell die Herrschaft der Mehrheit über die Minderheit und wurde von ihnen in dieser Hinsicht als demokratisch verstanden. Erwähnt sei auch Lenins Feststellung, dass »die Diktatur des Proletariats unvermeidlich, unerlässlich und unbedingt notwendig ist, um aus dem Kapitalismus herauszukommen. Die Diktatur bedeutet nicht nur Gewalt, obwohl sie ohne Gewalt unmöglich ist, sie bedeutet auch eine höhere Organisation der Arbeit, als es die vorhergehende war.«[124] Be-

---

[122] Lenin-Werke, Bd. 31, S. 339.

[123] Ebd., Bd. 31, S. 9 u. 29.

[124] Lenin: I. Gesamtrussischer Kongress für außerschulische Bildung. 6.-19. Mai 1919, ebd., Bd. 29, S. 361.

merkenswert ist hier die von Lenin postulierte Unterordnung der Arbeitswelt, die man wohl zur Zivilgesellschaft zählen muss, unter die Diktatur.

Untersucht man konkret Gramscis Auffassungen zur Macht, dann werden also die Unterschiede zu denen Lenins deutlich. Als wesentlich wäre Gramscis Ablehnung jeglicher Zugeständnisse an den Anarchismus zu nennen, die sich, wie Losurdo betont, bereits bei Marx und sodann bei Lenin ausmachen lassen und darin zum Ausdruck kommen, dass für den Sozialismus das Absterben des Staates prognostiziert wird. Gramsci habe, so Losurdo, in einem Artikel von 1919 in *L'Ordine Nuovo* den Sozialismus nicht als Anfang des Absterbens, sondern als die Schaffung des »Sozialstaates der Arbeit und der Solidarität« betrachtet.[125] Ebenfalls in *L'Ordine Nuovo* schrieb er in einem redaktionellen Beitrag über die Russische Revolution im Juni 1919: »Eine Gesellschaft existiert nur in einem Staate, der der Ursprung und das Endziel jeglichen Rechts und jeglicher Pflicht ist und der die Garantie für das Fortbestehen und den Erfolg einer jeden sozialen Aktivität bildet. Die proletarische Revolution als solche besitzt ihre Lebensfähigkeit und Verkörperung in einem typisch proletarischen Staat, Wächter des proletarischen Rechts, der als seine wesentliche Funktion die Befreiung des Lebens und der Potenzen der Arbeiterklasse ausübt.«[126] In diesem Sinne definierte Gramsci auch das Wesen einer politischen Partei, die er ohne Zweifel der Zivilgesellschaft zuordnet, in ihrem Verhältnis zum Staat. In einem Artikel aus dem Jahre 1921 schrieb er: »Eine Assoziation kann nur insofern ›politische Partei‹ genannt werden, als sie eine eigene Verfassungsdokrin besitzt, sofern es ihr gelingt, einen eigenen Begriff der Staatsidee konkret zu bestimmen und unter den Massen ihr Regierungsprogramm zu verbreiten und tätig ist, praktisch, das heißt unter bestimmten Be-

---

[125] Losurdo: Der Marxismus Antonio Gramscis, S. 96, Zitat Gramscis aus: A. Gramsci: L'Ordine Nuovo 1919–1920. Hrsg. V. Gerratana u. A. A. Santucci, Turin 1987, S. 51.

[126] L'Ordine Nuovo, 7. Juni 1919. Zit. nach dem Reprint der Edizione del Calendario, Mailand 1969.

dingungen, mit realen Menschen und nicht mit abstrakten Phantasmen der Menschheit, einen Staat zu organisieren.«[127]

Und in den *Gefängnisheften* kritisiert er »die Phrasen des primitiven und elementaren »Rebellismus«, des »Umstürzlertums«, der »Staatsabgewandtheit« als Ausdruck von apolitischer Haltung und damit von Verzicht, von Akzentuierung oder Verinnerlichung einer Situation der Subalternität. »Geringes Verständnis des Staates« bedeute »geringes Klassenbewusstsein«. Solche Parolen könnten bestenfalls »Massen-›Subversivismus‹« fördern.[128] Losurdo interpretiert die Aussage Gramscis wie folgt: »Nur eine naive Phänomenologie der Macht könne im Subversivismus und im Anti-Etatismus schlechthin ein Moment der Emanzipation erblicken.«[129]

Gramsci entwickelte zunächst sein Konzept von der Macht und des Staates aus der historischen Analyse des italienischen Risorgimento des 19. Jahrhunderts und wohl auch aus der Erfahrung, die er bei seinem Moskau-Aufenthalt machen konnte. In der Praxis der Machtausübung stellt er einen Unterschied zwischen *Herrschaft* und *Hegemonie* fest. Herrschaft ist demnach vor allem in der politischen Gesellschaft, Hegemonie vor allem in der zivilen Gesellschaft angesiedelt. Und eine stabile Herrschaft müsse sich auf Hegemonie stützen. In der Auseinandersetzung mit bürgerlichen Zeitgenossen kritisierte Gramsci »das Fehlen einer klaren Darstellung des Staatsbegriffs und der Unterscheidung darin zwischen Zivilgesellschaft und politischer Gesellschaft, zwischen Diktatur und Hegemonie usw.«[130] sowie die Vermischung beider. Dem italienischen Philosophen Gentile machte er zum Vorwurf, dass beim ihm »Hegemonie und Diktatur [...] ununterscheidbar [sind], die Gewalt [...] umstandslos Konsens [ist]: man kann die politische Gesellschaft nicht

---

[127] Stato operaio [Arbeiterstaat]. Artikel aus L'Ordine Nuovo vom 1. Januar 1921. In: Antologia, Bd. 1, S. 84.

[128] Gefängnishefte, Bd. 2, S. 368, u. Bd. 8, S. 2036; siehe hierzu: Losurdo, S. 105.

[129] Losurdo, S. 105f.

[130] Gefängnishefte. Bd. 6: Philosophie der Praxis. Hefte 10 und 11, S. 1260. In diesem Zitat fällt auf, dass Gramsci hier den Staat (die politische Gesellschaft) nicht nur als Gewalt(anwendung), sondern als Diktatur bezeichnet, was offenbar die Anlehnung an den Marxschen und Leninschen Diktaturbegriff bestätigt.

von der Zivilgesellschaft unterscheiden: es gibt nur den Staat und natürlich den Staat–Regierung, usw.«[131]

In den *Gefängnisheften* führt Gramsci aus: »Das methodologische Kriterium, auf welches die eigene Untersuchung gegründet werden muss, ist folgendes: dass sich die Suprematie einer gesellschaftlichen Gruppe auf zweierlei Weise äußert, als ›Herrschaft‹ und als ›intellektuelle und moralische Führung‹. Eine gesellschaftliche Gruppe ist herrschend gegenüber gegnerischen Gruppen, die sie ›auszuschalten‹ oder auch mit Waffengewalt zu unterwerfen trachtet, und sie ist führend gegenüber verwandten und verbündeten Gruppen. Eine gesellschaftliche Gruppe kann und muss sogar bereits führend sein, bevor sie die Regierungsmacht erobert (das ist eine der Hauptbedingungen für die Eroberung der Macht); danach, wenn sie die Macht ausübt und auch fest in Händen hält, wird sie herrschend, muss aber weiterhin auch ›führend‹ bleiben.«[132]

Welche Postulate enthält diese Feststellung Gramscis? Die Machtausübung besteht seiner Meinung nach aus zwei unterschiedlichen Funktionen: aus der *Herrschaft* und aus der *Führung*, das heißt der *Hegemonie*: Die Herrschaft wird gegen jene ausgeübt, gegen die sich die Macht richtet, die also von ihr, das heißt aus der politischen Gesellschaft ausgeschlossen sind, dennoch aber ein Teil der zivilen Gesellschaft darstellen; die Hegemonie erwächst aus der zivilen Gesellschaft und ist politische, geistige, kulturelle und moralische Führung in der Gesellschaft, das heißt, der erlangte Einfluss auf Mehrheiten; Hegemonie ist kein Anspruch, sondern eine von den Partnern gebilligte, anerkannte Führungsfunktion jener Kraft, die sich als hegemoniefähig erweist; Hegemonie beruht auf Zustimmung, Gleichberechtigung, Anerkennung, auf Konsens seitens derer, auf die sie sich erstreckt; Hegemonie ist eine Voraussetzung sowie eine ständige Bedingung für Machtausübung im Allgemeinen, für Herrschaft im Besonderen.

Indem die zivile Gesellschaft sich gegenüber der politischen Gesellschaft emanzipiert, stellt sich, so Gramsci, »ein neues Hegemonieproblem«, da sich nämlich die »historische Basis des Staates

---

[131] Gefängnishefte, Bd. 4, S. 718.

[132] Ebd., Bd. 8, S. 1947.

[...] verschoben« habe.[133] Das Neue, das für die modernen bürgerlichen Gesellschaften charakteristisch sei, bestehe darin, dass der Staat, das heißt die politische Gesellschaft, den Grad von Legitimation und Stabilität nunmehr daraus schöpfe, in welchem Zustand sich die zivile Gesellschaft befinde, vor allem wie in der zivilen Gesellschaft die politische, kulturelle und moralische Hegemonie der herrschenden Klasse oder Gruppe entwickelt ist. Die instrumentalisierte Funktionalität des Verhältnisses von ziviler und politischer Gesellschaft bestehe – historisch betrachtet – nunmehr in der wechselseitigen, sehr vielschichtigen Bedingtheit beider gesellschaftlicher Komponenten, die einerseits eine neue politische Kultur erzwinge, aber andererseits auch neuen Möglichkeiten der Manipulation, der Demagogie, des legalen politischen Missbrauchs der Massenpsychologie und -kultur zum Zwecke der Absicherung staatlicher Macht mit nichtstaatlichen Mitteln Tür und Tor öffne.

Herrschaft ist nach Gramsci also Gewaltanwendung, und Hegemonie ist politische Führung auf konsensualer Grundlage, wobei beide im Verhältnis zueinander stehen und im besten Falle miteinander kombiniert werden, aufeinander abgestimmt sind. »Die ›normale‹ Ausübung der Hegemonie auf dem klassisch gewordenen Feld des parlamentarischen Regimes zeichnet sich durch die Kombination von Zwang und Konsens aus, die sich in verschiedener Weise die Waage halten, ohne dass der Zwang zu sehr gegenüber dem Konsens überwiegt, sondern im Gegenteil sogar versucht wird, zu erreichen, dass der Zwang auf den Konsens der Mehrheit gestützt scheint...«[134] Diese Aussage Gramscis kann man auch als Antwort auf die in der kommunistischen Bewegung gelegentlich geäußerte Auffassung verstehen, der zufolge die herrschende Bourgeoisie angeblich dazu neige, vorzugsweise mit offener Gewalt zu regieren. In Wirklichkeit würde sie in demokratischer Weise der Hegemonie und dem Konsens den Vorzug geben. Tatsächlich beweist die historische Erfahrung, besonders die des Faschismus, dass offene Gewalt von den Herrschenden vor allem nur dann angewandt wird, wenn sich die Macht als gefährdet erweist.

---

133 Ebd., Bd. 4, S. 882.

134 Ebd., Bd. 7, S. 1610.

Die historische Entwicklung hat die Möglichkeiten demokratischer Machtausübung in den kapitalistischen Gesellschaften beträchtlich erweitert, was anfangs in der Komintern nicht vorausgesehen wurde. In dem Maße nämlich, wie der Prozess der Profilierung von ziviler Gesellschaft im Verhältnis zur politischen Gesellschaft voranschritt, erlangte die Bourgeoisie bzw. ihre politisch herrschende Fraktion, wie Gramsci beobachtete, neue Formen der Bindung der Massen an die kapitalistische Ordnung und neue Formen der Verschleierung der ihrer Herrschaft zugrunde liegenden Klasseninteressen. Selbstverständlich geschah das in der Folgezeit nicht zuletzt durch den Druck seitens der Arbeiterbewegung, durch die Wirkung sozialistischer Prinzipien und durch die Herausforderung seitens der entstehenden sozialistischen Gesellschaften, was wiederum Gramsci so nicht voraussehen konnte.

Keineswegs darf man aus heutiger Sicht den Eindruck erwecken oder dulden, als sei die zivile Gesellschaft unter kapitalistischen Bedingungen, wie sie Gramsci verstand, eine ideologiefreie oder klassenkampffreie Zone oder gar die Überwindung von Ideologie und Klassenkampf.[135] Doch ist dies ein Problem, das gesondert zu behandeln wäre. An manchen Stellen identifiziert Gramsci geradezu zivile Gesellschaft mit Hegemonie,[136] was offenbar zu eng gesehen ist. Vielmehr dürfte es treffender sein, die zivile Gesellschaft als das Terrain zu bezeichnen, auf dem sich das Ringen um Hegemonie vollzieht bzw. auf dem Hegemonie verwirklicht wird.

---

[135] Vgl. auch Demirović, Zivilgesellschaft, Öffentlichkeit, Demokratie, a.a.O., S. 42: »Der Rückgriff auf Gramsci kann zeigen, dass der Begriff der Zivilgesellschaft keineswegs selbstverständlich mit Demokratie, sondern eben so sehr mit Klassenherrschaft verbunden ist, dass die Zivilgesellschaft also mindestens eine widersprüchliche Konstellation von sozialen Kräften anzeigt.«

[136] So in einem Bezug auf Hegel: Gefängnishefte, Bd. 4, S. 729.

7. Die Rolle der Partei und der subjektiven Faktoren

Im Zusammenhang mit Gramscis Auseinandersetzung mit dem ökonomischen Determinismus und dem »Mechanizismus« in der II. Internationale wurde schon erwähnt, dass er der aktiven, gestaltenden Rolle eines revolutionären Subjekts eine entscheidende Bedeutung beimaß. Dies fand seinen praktischen Ausdruck in seinem Engagement zunächst für die (revolutionäre) Erneuerung der Sozialistischen Partei und sodann für die Gründung und eine erfolgversprechende politische Orientierung der Kommunistischen Partei. Sein Beitrag zur Entwicklung der Theorie, zur Entwicklung des Marxismus besaß stets auch einen politisch-pragmatischen Aspekt, nämlich durch die bewusste revolutionäre Aktion die Gesellschaft im sozialistischen Sinne zu verändern. Nach ihrer Gründung im Januar 1921 in Livorno sah er hierfür in der kommunistischen Partei das entscheidende organisatorische und hegemoniale Subjekt, für dessen Erfolg er theoretisch die erforderlichen Bedingungen zu ergründen suchte. In der Tradition des Leninschen Parteiverständnisses stehend, entwickelte Gramsci jedoch in origineller Weise sein eigenes Konzept, das sich wesentlich von Stalins Adaption unterschied.

Wie bereits ausführlich dargelegt wurde, hatte 1920-1921 sein Bestreben nicht darin bestanden, eine Spaltung der sozialistischen Arbeiterbewegung in Italien herbeizuführen, so dass er die Entscheidung von Livorno, nicht als die beste Lösung ansah, da es nicht nur nicht gelungen war, die ganze Sozialistische Partei für die revolutionäre, für die kommunistische Orientierung zu gewinnen, sondern nicht einmal die Mehrheit ihrer Mitgliedschaft.

Bereits unmittelbar vor der Spaltung, nämlich Anfang Januar 1921, formulierte Gramsci einen für ihn wesentlichen Anspruch an die Sozialistische Partei: Von einer politischen Partei könne man nur sprechen, wenn sie ein Staatsverständnis, ein Regierungsprogramm besitzt und bereit ist, einen eigenen Staat zu organisieren.[137]

[137] Siehe Anm. 127.

Von großer Bedeutung für Gramscis Parteiverständnis[138] waren seine Positionen, die er, wie oben dargelegt, in den Jahren 1923–1924 gegen Bordiga ins Feld führte. Eine neue Stufe stellen sodann seine Äußerungen in den *Gefängnisheften* dar. Betont werden muss, dass Gramscis Beschäftigung mit dem Problem einer politischen Partei während der Haft vor allem allgemeintheoretischen und historischen Charakter trug. In seinen entsprechenden Äußerungen fehlen direkte Bezüge auf die Kommunistische Partei, und dies wohl nicht nur aus Gründen der Konspiration.

Offenbar hatte er auch andere, nicht immer eindeutig zu benennende Gründe, die ihn veranlassten, eine kritische Haltung zur Partei einzunehmen und einen gewissen Abstand zu wahren. Unter anderem entstanden Meinungsverschiedenheiten zur Parteilinie, die von Moskau ausging, wo Togliatti Vertreter der KPI beim Exekutivkomitee der Komintern war und sich auch andere emigrierte italienische Genossen aufhielten. Sie betrafen Probleme, die Gramsci offenbar ernste Sorgen bereiteten. Bereits vor seiner Verhaftung kam es auf diese Weise zu einem ernsthaften Konflikt zwischen Gramsci und Togliatti, nachdem Gramsci im Namen der in Italien verbliebenen führenden Kommunisten den bereits erwähnten sorgenvollen, an das ZK der KPdSU adressierten Brief an Togliatti mit der Bitte schickte, ihn weiterzuleiten. Es ging um die Auseinandersetzungen vor allem zwischen Stalin und Trotzki in der Führung der KPdSU.[139] Togliatti missbilligte diese Auffassungen und sandte Gramsci eine brüske Antwort, in der er die Vorgehensweise der Stalinschen Führung gegen die Opposition verteidigte und Gramsci zu verstehen gab, dass dieser die Lage in der KPdSU nicht richtig einschätze.[140] Gramsci schrieb einen zweiten Brief, in dem er seinerseits Togliatti erwiderte, er habe den Brief nicht verstanden, ja nicht einmal versucht, ihn zu verstehen.[141]

---

138 Generell über Gramscis Parteiverständnis siehe: Luciano Gruppi: La teoria del partito rivoluzionario. Rom 1980, S. 77–127.

139 Über den Inhalt dieses Briefes, besonders die kritischen Argumente Gramscis siehe auch Abschnitte 3 u. 9.

140 Agosti, a. a. O., S. 88; Zitat aus Togliattis Brief siehe Anm. 188.

141 Ebd., S. 89.

Es wurde schon darauf hingewiesen, dass es Gramsci um die Form und die Methode der Auseinandersetzung ging, durch die die betreffenden Genossen in Moskau ausgegrenzt und wie Feinde behandelt wurden. Es zeichnete sich schon damals ab, dass die in der bolschewistischen Führung nach Lenins Tod praktizierte gewaltsame Unterdrückung unterschiedlicher theoretischer, politischer und strategischer Positionen auch auf die Komintern als Organismus und auf die Mitgliedsparteien der Komintern überzugreifen begann. Im April 1925 zum Beispiel nahm das V. Plenum des Exekutivkomitees der Komintern Thesen zur Bolschewisierung der kommunistischen Parteien an, mit denen nicht nur zur Konsolidierung und Stärkung der anderen kommunistischen Parteien beigetragen werden sollte, sondern auch gewisse parteiinterne Praktiken der KPdSU in ihnen durchgesetzt werden sollten. Unter anderem hieß es in diesen Thesen: »Die richtige Aneignung des Leninismus und seine politische Anwendung beim Aufbau der kommunistischen Parteien in der ganzen Welt ist unmöglich ohne Berücksichtigung der Fehler einer Reihe angesehener Marxisten, die den Versuch machten, sich zur Anwendung des Marxismus unter den Verhältnissen der neuen Epoche aufzuschwingen, dabei jedoch nicht in allem Erfolg hatten. Hierher gehören die Fehler der ›linken‹ Kommunisten in Russland, der Gruppe der holländischen Marxisten (Gorter und Pannekoek), desgleichen auch die Fehler Rosa Luxemburgs. Je näher diese politischen Führer dem Leninismus stehen, um so gefährlicher sind ihre Anschauungen in jenem Teile, indem sie, weil fehlerhaft, mit dem Leninismus nicht übereinstimmen.«[142] Es ist nicht bekannt, ob Gramsci diese Thesen zur Kenntnis genommen hatte, doch ist dies mit großer Wahrscheinlichkeit anzunehmen. Auf alle Fälle widersprach diese Praxis, der zufolge die engsten Vertrauten und Kampfgefährten als die *gefährlichsten* Gegner betrachtet wurden, dem Sinn seines Briefes an das ZK der KPdSU – eine Praxis, die in der Folgezeit verheerende Auswirkungen hatte und viele zuverlässige und kluge Kommunisten aus der Bewegung hinausdrängte. Es ist nicht ausgeschlossen, dass Gramsci selbst mit

[142] Thesen über die Bolschewisierung der Parteien der KI. In: Internationale Presse Korrespondenz, Nr. 77, 11. Mai 1925, S. 1020.

seinen Auffassungen, wie er sie in den *Gefängnisheften* dargelegt hat, in die Moskauer Mühlen der ideologischen Auseinandersetzung geraten wäre, wenn sie damals bekannt geworden wären. Bereits die Reaktion Togliattis auf seinen Brief lässt dies ahnen.

Große und sehr nachhaltige Empörung Gramscis rief ein Brief Ruggiero Griecos, eines führenden Genossen der Partei, vom 10. Februar 1928 hervor, aus dem zu schließen war, und die Gefängnisbehörden wohl auch schlossen, Gramsci gelte und agiere nach wie vor als Führer der KPI. Kurioserweise hatte Grieco, der sich zu dieser Zeit in der Schweiz aufhielt, diesen Brief zunächst nach Moskau geschickt, von wo aus er dann Gramsci mit *normaler* Post erreichte, so dass der Herkunftsort erkennbar war. Gramsci empfand diesen »sonderbaren« Brief als Provokation. Empörend wäre der Brief nicht nur wegen der Briefmarke und des Poststempels, sondern wegen der Tatsache selbst, wie er an seine Frau Giulia in einem Brief vom 30. April 1928 schrieb.[143] In einem späteren Brief an seine Schwägerin Tatjana Schucht vom 5. Dezember 1932 wurde er noch deutlicher. Er erinnerte daran, dass Tatjana den Brief als »kriminell« bezeichnet hatte. Der Untersuchungsrichter des Mailänder Militärtribunals, so erinnert Gramsci, hatte ihm gegenüber geäußert: »Herr Abgeordneter Gramsci, Sie haben Freunde, die offensichtlich wünschen, dass Sie eine Weile im Gefängnis bleiben.« Als dieser ihm den Brief übergeben und einige Stellen daraus vorgelesen habe, habe er außerdem darauf aufmerksam gemacht, dass der Brief für Gramsci »katastrophal« sein könne. Es könne sich, so meinte Gramsci in seinem Brief an Tatjana, um einen »kriminellen Akt« oder um »unverantwortliche Leichtigkeit« oder um beides handeln. Wie dem auch sei: »Bleibt die objektive Tatsache, die ihre Bedeutung hat.«[144]

Ein Mithäftling Gramscis, Athos Lisa, sandte 1933 denunziatorische Berichte über ihn nach Moskau an Togliatti, in denen er

---

[143] Antonio Gramsci: Gefängnisbriefe. Bd. I. Briefwechsel mit Giulia Schucht. Hrsg. von Ursula Apitzsch, Peter Kammerer, Aldo Natoli und Mimma Paulesu Quercioli. Hamburg/Frankfurt a.M. 1995, S. S. 64f.

[144] Antonio Gramsci: Gefängnisbriefe. Bd. III. Briefwechsel mit Tatjana Schucht. Hrsg. von Ursula Apitzsch, Peter Kammerer und Aldo Natoli (†). Hamburg 2014, S. 343f.; über diese Affäre siehe auch: Spriano: Gramsci in carcere, S. 27ff.

ihm ein Abweichen von der Parteilinie zum Vorwurf machte. Dies hatte folgenden Hintergrund von strategischer Bedeutung. Gramsci hatte in der Kerkerhaft mit seinen kommunistischen Genossen Bildungszirkel veranstaltet, in denen er unter anderem Auffassungen vertrat, die von der Kominternlinie im Kampf gegen den Faschismus abwichen. Er war der Meinung, dass die Partei in Italien auf der Grundlage eines breiten Bündnisses der antifaschistischen Parteien als Alternative zum Faschismus eine »Konstituante«, das heißt eine verfassungsgebende Versammlung, anstreben müsse, womit er de facto die unmittelbare Orientierung auf die sozialistische Revolution (als unverzügliche Alternative zum Faschismus) ablehnte. Man müsse sich nach dem Sturz des Faschismus, seiner Meinung nach, auf eine Übergangsperiode orientieren, da eine revolutionäre Situation kaum zu erwarten sei. Die Diskussion im Kerker sei schließlich, so fügte Lisa hinzu, abgebrochen worden, da keine Einigung zu erzielen war.[145]

Wie dem auch sei, Gramsci hat sich auch während der Gefängnishaft der kommunistischen Bewegung gegenüber verpflichtet gefühlt und in origineller Weise über strategische und theoretische Probleme des Kampfes für Sozialismus unter den veränderten Bedingungen und Erfordernissen nachgedacht. Deshalb muss man all das, was Gramsci in den *Gefängnisheften* zur Parteienproblematik generell und vorwiegend theoretisch ausführte, in einer Kontinuitätslinie sehen, die wenigstens in das Jahr 1917 zurückreicht, als er begann, sich mit der simplifizierenden, »mechanistischen«, »ökonomistischen« Marxismus-Rezeption seitens führender Theoretiker der II. Internationale auseinanderzusetzen. Auch das ist ein Grund, weshalb man Gramsci als kommunistischen Politiker und Parteiführer vor seiner Verhaftung im November 1926 von Gramsci als Theoretiker während der Gefängnishaft nicht trennen darf.

Die Rolle der Partei als politischen Akteur betrachtete er in der Wechselbeziehung von Theorie und Praxis. Er wandte sich gegen die damals verbreitete Dogmatisierung der Theorie, gegen einen

[145] Spriano: Gramsci in carcere, S. 58–60; siehe auch: Antonio Gramsci. Philosophie der Praxis. Grundlagen und Wirkungen der Gramsci-Debatte. Frankfurt a. M. 1982, S. 265–276.

realitätsfremden Umgang mit ihr, gegen unzulässige Verallgemeinerungen von Erkenntnissen und Erfahrungen. In den *Gefängnisheften* nennt er rückblickend als Beispiel hierfür die »Thesen von Rom« zur Taktik der Partei, die für den II. Parteitag der KPI im März 1922 von Bordiga und Terracini ausgearbeitet worden waren. »Byzantinismus oder Scholastizismus kann man die Verfallstendenz nennen, die sogenannten theoretischen Fragen zu behandeln, als ob sie eine Bedeutung für sich selbst hätten, unabhängig von jeder bestimmten Praxis. Ein typisches Beispiel für Byzantinismus bieten die sogenannten Thesen von Rom,[146] in denen die mathematische Methode wie in der reinen Ökonomie auf die Fragen angewandt wird. Es stellt sich die Frage, ob eine in Übereinstimmung[147] mit einer bestimmten Praxis entdeckte theoretische Wahrheit in einer historischen Epoche verallgemeinert und für universell gehalten werden kann. Der Beweis für ihre Universalität besteht gerade darin, dass sie 1. zum Anstoß dafür wird, die tatsächliche Wirklichkeit in einer anderen Umgebung als der, worin sie entdeckt worden ist, besser zu erkennen, und darin liegt ihr erster Grad von Fruchtbarkeit; 2. nachdem sie dieses bessere Verständnis der tatsächlichen Wirklichkeit angestoßen und unterstützt hat, fügt sie sich dieser Wirklichkeit selbst ein, als ob sie deren ursprünglicher Ausdruck wäre.«[148]

Diese Erkenntnisse bildeten für ihn das Wesen der Politik als Wissenschaft, Kunst und Praxis, das Wesen der Rolle des Staates und der Parteien. Politik bewege sich zwischen einem bestehenden Kräfteverhältnis, das im »Grad an Homogenität, Selbstbewusstsein und Organisation, den die verschiedenen gesellschaftlichen Gruppen erreicht haben« besteht,[149] und der bewussten politischen Aktion zur Gleichgewichtsverschiebung zwecks fortwährender Herstellung neuer Kräfteverhältnisse nach dem Motto des »Sein-Sollens«. »Das ›Sein-Sollen‹ ist folglich Konkretheit, ja es ist die einzige realistische, historizistische Interpretation der Wirklich-

---

[146] »Thesen von Rom« (Tesi di Roma) entspricht dem Original. In der deutschen Übersetzung jedoch: »Römische Thesen«.

[147] Italienisch: »in corrispondenza«, in der deutschen Übersetzung: »im Zusammenhang«.

[148] Gefängnishefte, Bd. 5, S. 1120; Quaderni, Bd. 2, S. 1133f. (H. 9, § 63).

[149] Gefängnishefte, Bd. 7, S. 1560.

keit, ist allein Geschichte in Aktion und Philosophie in Aktion, allein Politik«.[150] Dass ihm für ähnliche Auffassungen schon 1918 Voluntarismus vorgeworfen wurde, wurde bereits erwähnt

Entsprechend seiner damaligen Einschätzung, dass Parteien die »Nomenklatur« einer Klasse seien, hielt er die kommunistische Partei selbstverständlich für die »Nomenklatur« der Arbeiterklasse. Dies wiederum veranlasste ihn, wiederholt auf das Verhältnis von Partei und Klasse einzugehen, um dessen Dialektik sowie die aktive Rolle der Partei gegenüber der Klasse kenntlich zu machen. In Bezug auf die Parteien in Italien konstatierte er hierbei einen Fatalismus, eine Unausgewogenheit zwischen Agieren und Propaganda »Wenn es tatsächlich wahr ist, dass die Parteien nichts anderes sind als die Nomenklatur der Klassen, ist es ebenfalls wahr, dass die Parteien nicht nur ein mechanischer und passiver Ausdruck der Klassen selbst sind, sondern nachdrücklich auf diese zurückwirken, um sie zu entwickeln, zu festigen, zu universalisieren.«[151]

Da die historische Rolle der Bourgeoisie als herrschende Klasse erschöpft, »saturiert« sei und sogar einen Teil der eigenen Klasse »deassimiliere«, müsse nunmehr eine andere Klasse die führende Rolle übernehmen, »die sich selbst als geeignet setzt, die gesamte Gesellschaft zu assimilieren, und die zugleich wirklich fähig ist, diesen Prozess hervorzubringen, diese Auffassung vom Staat und vom Recht zur Vollendung führt, bis sie schließlich das Ende des Staates und des Rechts konzipiert, insofern sie überflüssig geworden sind, weil sie ihre Aufgabe erfüllt haben und von der Zivilgesellschaft aufgesogen worden sind«.[152]

Um ihre historische Aufgabe zu erfüllen, bedürfe die Arbeiterklasse einer (revolutionären) Partei. Bei der »Konstitution einer Partei gehe es um einen vielschichtigen Prozess von Aktivitäten, aus denen »ein Kollektivwille mit einem gewissen Grad an Homogenität hervorgeht [...], der notwendig und zureichend ist«, um zu

[150] Ebd., S. 1555.

[151] Ebd., Bd. 2, S. 422.

[152] Ebd., Bd. 5, S. 943.

gegebener, historisch entscheidender Zeit »eine koordinierte und simultane Handlung« (der Klasse) zu bewirken.[153]

Als den »originalsten und wirksamsten Kern« hinsichtlich Gramscis Auffassung von der »Konstituierung der politischen Subjekte« generell bezeichnete Giuseppe Vacca seine Konzeption der Hegemonie.[154] Von diesem Gesichtspunkt begründete Gramsci tatsächlich in erster Linie sein Parteiverständnis, worin zugleich das enge, dialektische Verhältnis von Theorie und Praxis, wie er es verstand, zum Ausdruck kam, wobei er sich auf die Auffassungen Niccolò Machiavellis aus der Zeit vom Anfang des 16. Jahrhunderts bezog. Die »revolutionäre Klasse« seiner Zeit habe Machiavelli von der Notwendigkeit überzeugen wollen, »einen ›Anführer‹ zu haben, der weiß, was er will und wie er erreicht, was er will [...] Diese Position der Politik Machiavellis wiederholt sich in Bezug auf die Philosophie der Praxis: es wiederholt sich die Notwendigkeit [...], eine Theorie und eine Technik der Politik zu entwickeln, die beiden kämpfenden Seiten dienen können«.[155] Die Partei, sofern sie Macht ausüben und einen neuen Staat begründen will, nennt Gramsci in Anlehnung an Machiavellis Werk »*Il Principe*« einen *modernen Fürsten*. »Machiavellis *Fürst*«, so erläutert er die Motivation seines Vergleichs, »könnte als geschichtliche Exemplifizierung [...] einer politischen Ideologie, die sich weder als kalte Utopie noch als lehrhaften Vernunftsschluss präsentiert, sondern als Geschöpf konkreter Phantasie, das auf ein verstreutes, zersplittertes Volk einwirkt, um seinen Kollektivwillen wachzurufen und zu organisieren [...] In dem gesamten Bändchen handelt Machiavelli davon, wie der Fürst sein muss, um ein Volk zur Gründung des neuen Staates zu führen...«[156] Doch im Unterschied zum Fürsten Machiavellis sei »der moderne Fürst« nicht als Individuum, sondern nur als »Organismus« denkbar, als »ein komplexes Gesellschaftselement, in welchem ein Kollektivwille schon konkret zu werden beginnt, der anerkannt ist und sich

[153] Ebd., S. 1051.

[154] Giuseppe Vacca: Gramsci e Togliatti. Rom 1991, S. XVII.

[155] Gefängnishefte, Bd. 7, S. 1576. Mit den Auffassungen Machiavellis hat sich Gramsci in den Gefängnisheften, besonders in H. 13 (Bd. 7, S. 1535ff.), aus diesen Gründen sehr ausführlich beschäftigt.

[156] Ebd., S. 1535.

in der Aktion teilweise behauptet hat«.[157] Demnach, so Gramsci an anderer Stelle, könne man sagen, »dass die Parteien die Erzeugerinnen der neuen integralen und ganzheitlichen Intellektualitäten, das heißt der Schmelztiegel der als wirklicher geschichtlicher Prozess verstandenen Vereinigung von Theorie und Praxis sind«.[158]

Die Rolle einer Partei ordnete Gramsci in seine Auffassungen von der politischen und zivilen Gesellschaft, von Herrschaft und Hegemonie, von Bewegungs- und Stellungskrieg usw. ein, um sie – zumindest konzeptionell – sowohl aus der erstarrten Parteiauffassung der reformistischen Führer der II. Internationale wie auch aus dem Totalitätsanspruch der KPdSU und aus dem in der Komintern verbreiteten linken Radikalismus und dem Sektierertum zu befreien. Indem er an Lenins Parteikonzept anknüpfte, ging er dank seinem Hegemonie- und Demokratieverständnis korrigierend darüber hinaus, ohne, dies sei bemerkt, ein Gegenmodell zu entwickeln. Die Identität einer Partei bestimmte er nicht ursächlich aus dem Selbstverständnis und der Programmatik, wie es wohl heute erforderlich wäre, sondern aus ihrer sozialen Verwurzelung und Funktionalität (als Nomenklatur und bestimmender Akteur der Klasse also), wie es zu seiner Zeit tatsächlich noch der Fall war und wie es in Bezug auf die kommunistische Partei der Auffassung von der *historischen Mission der Arbeiterklasse* entsprach. So hob er hervor: »Die Parteien entstehen und konstituieren sich als Organisation, um in Momenten, die für ihre Klassen geschichtlich lebensentscheidend sind, die Situation zu meistern; nicht immer aber vermögen sie sich den neuen Aufgaben und neuen Zeiten anzupassen, nicht immer verstehen sie es, sich in dem Maße zu entwickeln, wie sich die umfassenden Kräfteverhältnisse (und somit die relative Position ihrer Klassen) in dem betreffenden Land oder auf internationaler Ebene entwickeln.« Man müsse, wenn man Parteien und ihre Funktionsfähigkeit analysiert, unterscheiden zwischen der gesellschaftlichen Gruppe, die sie repräsentiert, der Masse der Parteimitglieder, der

157 Ebd., S. 1537.
158 Ebd., Bd. 6, S. 1386.

Parteibürokratie (dem Apparat also) und dem Generalstab der Partei (der Führung also).[159]

Im Leninschen Sinne befürwortete auch Gramsci die *führende* Rolle der kommunistischen Partei in der Gesellschaft im Allgemeinen, gegenüber den Bündnispartnern im Besonderen. Er leitete diese aber nicht aus einem theoretischen Postulat, aus einer abstrakt formulierten Gesetzmäßigkeit ab, wie das bei den Komintern-Parteien üblich war. Die Führungsrolle durfte seiner Meinung nach der Klasse nicht oktroyiert werden. So hat er das Verhältnis von Partei und Arbeiterklasse bereits 1926 folgendermaßen charakterisiert: »Das Prinzip, dem zufolge die Partei die Arbeiterklasse führt, darf nicht in mechanischer Weise interpretiert werden. Man soll nicht glauben, dass die Partei die Arbeiterklasse durch einen von außen kommenden autoritären Anspruch führen könne; sie ist weder für die Zeit, die der Machtergreifung vorausgeht, noch für die Zeit, die ihr folgt, richtig [...] Wir behaupten, dass die Fähigkeit zur Führung der Klasse sich nicht aus der Tatsache ergibt, dass sich die Partei als revolutionäres Organ der Klasse ›proklamiert‹, sondern aus der Tatsache, dass es ihr ›effektiv‹ gelingt, als Teil der Arbeiterklasse sich mit allen Sektionen dieser Klasse zu verbinden und den Massen eine Bewegung in der von den objektiven Bedingungen hervorgerufenen und begünstigten Richtung zu geben.«[160]

Das entscheidende Subjekt war für Gramsci die Arbeiterklasse, der die Partei zu dienen habe. In seiner Schrift über die Frage des Südens nannte er konkrete Bedingungen, unter denen die Arbeiterklasse ihre revolutionären Aufgaben als führende, ja herrschende Klasse zu erfüllen vermag. »Das Proletariat kann in dem Maße zur führenden und herrschenden Klasse werden, wie es ihm gelingt, ein System von Klassenbündnissen zu schaffen, das ihm gestattet, die Mehrheit der werktätigen Bevölkerung gegen den Kapitalismus und den bürgerlichen Staat zu mobilisieren; dies bedeutet in Italien, unter den realen, in Italien bestehenden Klassenverhältnissen, in dem Maße, wie es gelingt, die Zustimmung der breiten bäuerlichen

---

[159] Ebd., Bd. 7, S. 1579.

[160] So in den von Gramsci redigierten Thesen zum III. Parteitag der KPI 1926; zit. nach: Scritti politici. Bd. 3, S. 297.

Massen zu erlangen.«[161] Ihm war also klar, dass die Arbeiterklasse allein nicht in der Lage sein könne, zur Herrschaft, das heißt zum Sozialismus, zu gelangen. In Leninschem Sinne begriff er im Klassenbündnis die Arbeiterklasse als die führende Kraft, als Kraft, die die Fähigkeit erlangen muss, die Bündnispartner – Bauern, Intellektuelle – zu führen. Massenaktionen seien nicht möglich, »wenn die Masse selbst nicht überzeugt ist von den Zielen, die sie erreichen will, und von den anzuwendenden Methoden. Um als Klasse herrschen zu können, muss das Proletariat alle korporativen Überreste, alle Vorurteile oder syndikalistischen Verkrustungen abstreifen«. Er greift hiermit einen Gedanken auf, den er – aufgrund eigener Erfahrungen mit der sowjetischen Wirklichkeit – in seinem Brief an das ZK der KPdSU begründete. Das bedeute auch, dass alle Arbeiter, gleich welchen Berufs, sich »als Mitglieder einer Klasse« verstehen und nicht als Vertreter ihres Berufszweiges. [162]

Bei aller Fixiertheit Gramscis, wie aller Marxisten seiner Zeit, auf die historische Rolle der Arbeiterklasse äußerte er aber zugleich Zweifel am Umgang mit der These von der historischen Mission, weil er offenbar darin, so z.B. in der Interpretation Bucharins, die Gefahr einer unzulässigen teleologischen Deduktion einer theoretischen Kategorie auf die Realität und somit eine Mystifizierung der Klasse sah. »Könnte man nicht in der Auffassung von ›historischer Mission‹ eine teleologische Wurzel entdecken? Und in der Tat nimmt sie in vielen Fällen eine mehrdeutige und mystische Bedeutung an. Aber in anderen Fällen hat sie eine Bedeutung, die nach Kants Teleologiebegriff von der Philosophie der Praxis vertreten und gerechtfertigt werden kann.«[163]

Die Rolle der kommunistischen Partei leitete er übrigens nicht allein aus dem Klassenkonflikt und damit aus der spezifischen Interessenlage des Proletariats ab, sondern aus einem gesamtgesellschaft-

---

[161] Einige Gesichtspunkte der Frage des Südens. In: Antonio Gramsci – vergessener Humanist, S. 44f.

[162] Ebd., S. 50f.

[163] Gefängnishefte, Bd. 6, S. 1421.

lichen Auftrag,[164] was bedeutete, dass die Partei auch die Interessen anderer sozialer Schichten wahrzunehmen hätte.

Wohl eingedenk seiner kritischen Wahrnehmung der sowjetischen Verhältnisse unterschied er hinsichtlich der inneren Parteistruktur zwischen *»organischem, demokratischem Zentralismus«* und *»bürokratischem Zentralismus«*. Der organische Charakter des Zentralismus könne »nur in Gestalt des demokratischen Zentralismus existieren, der sozusagen ein Zentralismus der ›Bewegung‹ ist, was eine ständige Anpassung an die reale Bewegung bedeutet«. Dies müsse verbunden sein mit der Akkumulation immer neuer Erfahrungen. Der Zentralismus sei »organisch«, weil er die Bewegung, das heißt die historischen Veränderungen der Bedingungen berücksichtigen müsse, »was bedeutet, auf organische Weise die historische Realität zu erfassen«.[165] Es versteht sich, dass Gramsci entschieden den »bürokratischen« Zentralismus ablehnte. Falls dieser im Staat – und hier denkt er an die Partei als Regierungspartei – das Übergewicht erhielte, käme es dazu, »dass die führende Gruppe selbstzufrieden ist und zu einer Clique wird, die bemüht ist, ihre kleinlichen Privilegien zu verewigen und die das Aufkommen entgegenstehender Kräfte kontrolliert oder auch unterdrückt, selbst wenn diese Kräfte mit den herrschenden Grundinteressen übereinstimmen«.[166] Man wird hierbei an Rosa Luxemburgs Kritik an der Rolle der bolschewistischen Partei unmittelbar nach der Oktoberrevolution erinnert.

Ein pluralistisches Parteiverständnis, wie es heute unumgänglich ist, besaß Gramsci nicht. Ganz in der Leninschen Tradition stehend, lehnte er Fraktionen in der Partei ab, wie unter anderem auch aus dem Brief an das ZK der KPdSU von 1926 hervorgeht. Er plädierte für die Einheit der Partei, die allerdings mit diktatorischen Mitteln nicht erzwungen werden dürfe. »Nur eine feste Einheit und eine feste Disziplin in der Partei, die einen Arbeiterstaat regiert, kann

---

[164] Dies war der Sinn seiner oben zitierten Bemerkung zur Rolle der Arbeiterklasse in der UdSSR in seinem Brief an das ZK der KPdSU vom Oktober 1926 (siehe Anm. 44).

[165] Gefängnishefte, Bd. 7, S. 1606f.

[166] Ebd.

die proletarische Hegemonie in einem Regime der NÖP, das heißt in der umfassenden Entwicklung jener von uns gekennzeichneten Widersprüche gewährleisten [...] Die schädlichen Folgen eines Fehlers, den eine einheitliche Partei begeht, sind leicht zu überwinden; die Schäden einer Spaltung oder die längerfristige Situation einer latenten Spaltung können irreparabel und tödlich sein.«[167] Gramsci hat mit dieser seiner Bemerkung allerdings nicht vorausgesehen, dass in den regierenden Parteien der sozialistischen Länder, allen voran der Sowjetunion, die »Einheit und Geschlossenheit« vor allem durch Zwang, besonders auch durch gewaltförmige Ausgrenzung all jener, die die von den Führungen gesetzte Einheit kritisierten, und sogar durch Verfolgung, Terror und Mord errungen und aufrechterhalten wurde, so dass eben auch diese Art von Einheit »irreparabel und tödlich« endete.

Gramsci akzeptierte nicht die in der Politik, auch innerhalb der kommunistischen Parteien, nicht selten befolgte Praxis, dass die hehren Ziele auch die Mittel heiligen würden. Überliefert ist die Charakterisierung, die Giuseppe Berti, ein Mitstreiter Gramscis, gab: »Wie für Gramsci eine falsche Politik nicht gerecht wird, wenn sie mit besseren Methoden verwirklicht wurde, so bleibt eine gerechte Politik nicht gerecht, wenn sie mit falschen, verurteilenswürdigen Methoden durchgesetzt wurde: die Einheit der Partei zu zerbrechen unter Anwendung von Gewalt und Willkür. Für Gramsci lassen sich Ziele und Mittel nicht willkürlich trennen und entgegensetzen: sie sind Aspekte derselben Realität.«[168]

Im Zusammenhang mit der Realisierung von Hegemonie beschäftigte sich Gramsci mit dem Begriff, dem Wesen und der Funktion des *historischen Blocks*[169] und in diesem Block mit der Rolle der

---

[167] Brief an das ZK der KPdSU, a.a.O., S. 76.

[168] Giuseppe Fiori: Gramsci, Togliatti, Stalin. Rom 1991, S. 9.

[169] Die Formulierung im ital. Original »blocco storico« wäre wohl besser mit »historischer Block« übersetzt, wie das in Bd. 4, S. 876, der deutschen Ausgabe der Gefängnishefte auch tatsächlich geschieht. Wenngleich die Historiker kaum zwischen »historisch« und »geschichtlich« unterscheiden, versteht man jedoch gelegentlich als »geschichtlich« das Vergangene, das »Geschehene«; mit dem Attribut »historisch« verweist man eher auf die Historizität eines Phänomens sowohl in der Vergangenheit wie in der Gegenwart.

Intellektuellen. Als historischen Block versteht er ein gesellschaftliches Ensemble, »in dem eben die materiellen Kräfte der Inhalt sind und die Ideologien die Form, weil die materiellen Kräfte historisch nicht begreifbar wären ohne die Form«.[170] Es handelt sich nach seiner Auffassung, mit anderen Worten ausgedrückt, um ein Bündnis von bestimmten sozialen und politischen Kräften, von Regierenden und Regierten, mit einer bestimmten ideologischen Ausrichtung, verwurzelt in den realen gesellschaftlichen Strukturen, in den Produktionsverhältnissen. »Die Struktur und die Superstrukturen«, womit wohl dasselbe gemeint ist wie bei Marx mit Basis und Überbau, »bilden einen ›geschichtlichen Block‹, das heißt, das komplexe und nichtübereinstimmende Ensemble der Superstrukturen ist der Reflex des Ensembles der gesellschaftlichen Produktionsverhältnisse«.

Unter welchen Bedingungen kommt ein historischer Block zustande? Dies beschreibt er wie folgt: »Wenn das Verhältnis zwischen Intellektuellen und Volk–Nation, zwischen Führenden und Geführten, zwischen Regierenden und Regierten durch einen organischen Zusammenhalt gegeben ist, in dem das Gefühl–Leidenschaft zum Verstehen und folglich zum Wissen wird (nicht mechanisch, sondern auf lebendige Weise), nur dann ist die Beziehung eine der Repräsentanz und kommt es zum Austausch individueller Elemente zwischen Regierten und Regierenden, zwischen Geführten und Führenden, das heißt, es verwirklicht sich das gemeinsame Leben, das allein die soziale Kraft ist, es bildet sich der ›geschichtliche Block‹«.[171] Hieraus folgt, wenn man Gramscis sehr theoretisch formulierte Aussage in die gesellschaftspolitische Praxis übersetzt, für die in Klassen geteilte kapitalistische Gesellschaft, wie man es immerfort wahrnehmen kann, dass es den Herrschenden gelingen muss und auch gelingt, in einem *historischen Block* möglichst viele an der Herrschaft nicht Beteiligte, das heißt »Subalterne«, ideologisch an sich zu binden, Gemeinsamkeiten mit ihnen zu konstruieren. Wenn das gelingt, ist Hegemonie derer, die im Block das Sagen haben, auf konsensualer Basis gewährleistet.

---

170 Gefängnishefte, Bd. 4, S. 876.

171 Ebd., Bd. 6, S. 1490.

Diese *historische* Aufgabe zu bewältigen erfordert die aktive Mitwirkung der *Intellektuellen*, mit deren Platz und Rolle in der Gesellschaft sich Gramsci gründlich beschäftigt. So stellte er fest und bezog sich sogleich auf den »kapitalistischen Unternehmer«: »Jede gesellschaftliche Gruppe schafft sich, während sie auf dem originären Boden einer wesentlichen Funktion in der Welt der ökonomischen Produktion entsteht, zugleich organisch eine oder mehrere Schichten von Intellektuellen, die ihr Homogenität und Bewusstheit der eigenen Funktion nicht nur im ökonomischen, sondern auch im gesellschaftlichen und politischen Bereich geben...«[172] Die gesellschaftliche Funktion der Intellektuellen sah er also darin, dass sie einer bestimmten Klasse oder sozialen Gruppe dienen, indem sie, das heißt »die ›organischen‹ Intellektuellen, die jede neue Klasse mit sich selbst schafft und in ihrer fortschreitenden Entwicklung heranbildet, meist ›Spezialisierungen‹ von Teilaspekten der ursprünglichen Tätigkeit des neuen gesellschaftlichen Typs sind«.[173] Eine besondere Aufgabe dabei, die sie zu erfüllen haben, besteht darin, sowohl die (komplexe) Hegemonie wie auch die Herrschaft der Klasse oder Gruppe zu erringen, zu erhalten und zu rechtfertigen. »Die Intellektuellen sind die ›Gehilfen‹ der herrschenden Gruppe bei der Ausübung der subalternen Funktionen der gesellschaftlichen Hegemonie und der politischen Regierung, nämlich 1. des ›spontanen‹ Konsenses, den die großen Massen der Bevölkerung der von der herrschenden grundlegenden Gruppe geprägten Ausrichtung des gesellschaftlichen Lebens geben, eines Konsenses, der ›historisch‹ aus dem Prestige (und folglich aus dem Vertrauen) hervorgeht, das der herrschenden Gruppe aus ihrer Stellung und ihrer Funktion in der Welt der Produktion erwächst; 2. des staatlichen Zwangsapparates, der ›legal‹ die Disziplin derjenigen Gruppen gewährleistet, die weder aktiv noch passiv ›zustimmen‹...«[174]

Als einen zentralen Punkt seiner Überlegungen betrachtete Gramsci in diesem Zusammenhang »die Unterscheidung zwischen Intellektuellen als organischer Kategorie jeder grundlegenden Ge-

[172] Ebd., Bd. 7, S. 1497.

[173] Ebd.

[174] Ebd., S. 1502.

sellschaftsgruppe und Intellektuellen als traditioneller Kategorie«.[175] Während also die »organischen Intellektuellen« das Produkt bestimmter sozialer Klassen oder Gruppen sind, existieren die »traditionellen Intellektuellen«, die die »Repräsentanten einer selbst durch die komplexesten und radikalsten Veränderungen der gesellschaftlichen und politischen Formen nicht unterbrochenen geschichtlichen Kontinuität« darstellen, also eine gesellschaftliche Schicht sind, die unabhängig vom Übergang der Herrschaft einer Klasse/Gruppe zur anderen »in lückenloser Kontinuität« fortbesteht.[176] Es gehöre zu den Merkmalen einer Gruppe, »die sich auf die Herrschaft hin entwickelt, [...] um die Assimilierung und ›ideologische‹ Eroberung der traditionellen Intellektuellen« zu kämpfen, was umso schneller geschehe und umso wirksamer wäre, »je mehr die gegebene Gruppe gleichzeitig ihre eigenen organischen Intellektuellen heranbildet«.[177] Nach diesen Überlegungen kommt Gramsci auf die Rolle der politischen Parteien zurück, die für alle Gruppen (und Klassen) in ihrer »Grundfunktion« jener Mechanismus seien, »der in der Zivilgesellschaft dieselbe Funktion erfüllt, die der Staat in größerem Umfang und synthetischer in der politischen Gesellschaft erfüllt, das heißt, sie sorgt für das Zusammenwachsen von organischen Intellektuellen einer bestimmten Gruppe – der herrschenden – mit traditionellen Intellektuellen«.[178]

Im Zusammenhang mit dem Problem des *historischen Blocks* ist es angebracht, nochmals auf die italienische Spezifik einzugehen, wie sie Gramsci, ohne den exakten Terminus zu verwenden, in seiner Schrift über die Frage des Südens beschrieb. Bekanntlich beschäftigte sich Gramsci auch mit der sozialen und politischen Blockbildung der herrschenden Kräfte im Kapitalismus, mit deren Praxis, die subalternen Klassen an sich zu binden, worauf schon in anderem Zusammenhang hingewiesen wurde. Als ein besonderes, gesamtnationales Problem bezeichnete er in der genannten Schrift den *Agrarblock* im italienischen Süden, im Mezzogiorno. So kon-

---

175 Ebd., S. 1504.
176 Ebd., S. 1498.
177 Ebd., S. 1500.
178 Ebd., S. 1505.

statierte er, »dass der Bauer des Südens mit dem Großgrundbesitzer vermittels des Intellektuellen verbunden ist. Dieser Organisationstypus ist der im ganzen festländischen Süden und in Sizilien am meisten verbreitete. Er schafft einen gewaltigen Agrarblock [...] Sein einziges Ziel ist es, den Status quo zu erhalten. Innerhalb dieses Blocks gibt es keinerlei Aufklärung, keinerlei Programm, keinerlei Drang nach Verbesserungen und Fortschritten.« Das Verhältnis des Nordens und des Südens Italiens sei so beschaffen, dass im Süden weder eine Mittelklasse noch eine verbreitete kapitalistische Bourgeoisie entstehen könne, da der im Süden erwirtschaftete Profit nach dem Norden abfließen würde, der Süden also vom Norden kapitalistisch ausgebeutet würde.[179] Diese Rückständigkeit und Abhängigkeit des Südens sei der Boden für die Rekrutierung konterrevolutionärer und profaschistischer Kräfte, wofür Gramsci Beispiele liefert. Es habe sich um Kräfte gehandelt, mit denen sich Mussolini umgab, auf die er sich unter anderem stützte. Der Arbeiterklasse obliege es, sowohl diesen Agrarblock im Süden wie auch das Kolonial- und Ausbeutungsverhältnis des norditalienischen industriellen Kapitalismus zum Süden zu sprengen. Um in der Polemik mit den sogenannten Meridionalisten, die sich als Verteidiger der Interessen des Südens ausgaben, die Auffassung der Kommunisten zu begründen, zitierte Gramsci einen Artikel aus *L'Ordine Nuovo* von Anfang Januar 1920, dessen Autor er selbst war. »Die Bourgeoisie des Nordens hat Süditalien und die Inseln unterjocht und hat sie zu einer ausgebeuteten Kolonie herabgewürdigt. Wenn das Proletariat des Nordens sich selbst befreit, wird es auch die Bauernmassen des Südens befreien [...] Die wirtschaftliche und politische Wiedergeburt der Bauern ist [...] zu suchen [...] in der Solidarität des Industrieproletariats, das seinerseits die Solidarität der Bauern braucht«. Es gehe um »eine allgemeine revolutionäre Aktion der beiden verbündeten Klassen unter der Führung des Industrieproletariats«.[180]

---

179 Einige Gesichtspunkte der Frage des Südens, a.a.O., S. 62f.
180 Ebd., S. 42–44.

8. Die Ursachen des Scheiterns sozialistischer Ordnungen

Ein Konzept einer sozialistischen Gesellschaft hat Gramsci nicht entworfen; schon gar nicht hatte er deren Zusammenbruch vorausgeahnt und über dessen eventuelle Ursachen nachgedacht. Man kann lediglich in diesem Zusammenhang Prinzipien und Forderungen anführen, die seiner Meinung nach in einer jeden Gesellschaft, erst recht wohl in einer sozialistischen, zwecks innerer Stabilität zu gelten hätten.

So wurde bereits auf das Problem der nicht ausgebildeten Zivilgesellschaft im Sozialismus hingewiesen. Die ganze Gesellschaft erwies sich als »verstaatlicht«, so dass die Formierung einer eigenen Zivilgesellschaft einen Konflikt mit der politischen Gesellschaft heraufbeschwor. Die Macht war unzureichend oder überhaupt nicht durch eine in der Zivilgesellschaft errungene und immer wieder aufs neue gewährleistete Hegemonie untermauert. Gramsci hatte betont, dass eben die Hegemonie auch danach, wenn eine Klasse »die Macht ausübt und auch, wenn sie sie fest in den Händen hält« und herrscht, »auch weiterhin ›führend‹ bleiben« müsse.[181]

Er äußert sich auch darüber, wie eine Partei an der Spitze eines von ihr geschaffenen und regierten Staatswesens verfasst sein müsste und was passiert, wenn diese Prinzipien verletzt werden. So wurde bereits seine Anforderung an einen »demokratischen Zentralismus« und die von ihm vorausgesagten Konsequenzen eines im Staate praktizierten »bürokratischen Zentralismus« angeführt. Das berührt unmittelbar den Anspruch an die Funktion und den Charakter einer Partei in Bezug auf ihre politische Führungsrolle. Gramsci schrieb: »Die hegemonische Funktion oder die politische Führungsfunktion der Parteien kann am Ablauf des inneren Lebens der Parteien selbst eingeschätzt werden. Wenn der Staat die zwingende und strafende Gewalt der juristischen Durchregelung eines Landes darstellt, so müssen die Parteien – die das freiwillige Zugehören einer Elite zu einer solchen Durchregelung re-

[181] Siehe Anm. 132.

präsentieren, die als Typus kollektiven Zusammenlebens betrachtet wird, zu dem die gesamte Masse erzogen werden muss, – in ihrem inneren Sonderleben zeigen, dass sie diese Regeln, die im Staat rechtliche Verpflichtungen sind, als Prinzipien moralischen Verhaltens assimiliert haben. In den Parteien ist die Notwendigkeit bereits Freiheit geworden, und hieraus entsteht die überragende politische Bedeutung (nämlich von politischer Führung) der inneren Disziplin einer Partei«.[182]

Es muss auch auf die bereits oben zitierte Aussage verwiesen werden, dass die Partei die Arbeiterklasse nicht »durch einen von außen kommenden autoritären Anspruch führen könne«, dies »weder für die Zeit, die der Machtergreifung vorausgeht, noch für die Zeit, die ihr folgt, richtig« ist, da »die Fähigkeit zur Führung der Klasse sich nicht aus der Tatsache ergibt, dass sich die Partei als revolutionäres Organ der Klasse ›proklamiert‹, sondern aus der Tatsache, dass es ihr ›effektiv‹ gelingt, als Teil der Arbeiterklasse sich mit allen Sektionen dieser Klasse zu verbinden«.[183]

In dem Maße, wie Gramsci von der Notwendigkeit von Hegemonie in der Politik überzeugt war, beschäftigte ihn die Konsequenz, die eine Krise der Hegemonie mit sich bringt: »An einem bestimmten Punkt ihres geschichtlichen Lebens lösen sich die gesellschaftlichen Gruppen von ihren traditionellen Parteien, das heißt, die traditionellen Parteien in dieser gegebenen Organisationsform, mit diesen bestimmten Männern, die sie bilden, sie vertreten oder führen, werden von ihrer Klasse oder Klassenfraktion nicht mehr als ihr Ausdruck anerkannt. Wenn diese Krisen eintreten, wird die unmittelbare Situation heikel und gefährlich, weil das Feld frei ist für Gewaltlösungen, für die Aktivität obskurer Mächte, repräsentiert durch die Männer der Vorsehung oder mit Charisma [...] Und der Inhalt ist die Hegemoniekrise der führenden Klasse, die entweder eintritt, weil die führende Klasse in irgendeiner großen politischen Unternehmung gescheitert ist, für die sie den Konsens der großen Massen mit Gewalt gefordert oder durchgesetzt hat (wie der Krieg) oder weil breite Massen (besonders von Bauern und intellektuel-

[182] Gefängnishefte, Bd. 4, S. 921.

[183] Siehe Anm. 160.

len Kleinbürgern) urplötzlich von der politischen Passivität zu einer gewissen Aktivität übergegangen sind und Forderungen stellen, die in ihrer unorganischen Komplexität eine Revolution darstellen. Man spricht von ›Autoritätskrise‹,[184] und das eben ist die Hegemoniekrise oder die Krise des Staates in seiner Gesamtheit.«[185] Dies klingt dennoch wie eine Vorwegnahme von Ursachen des Scheiterns des realen Sozialismus.

Welche Rolle der von Gramsci definierte historische Block besitzt, wurde schon dargelegt, muss also auch in den Zusammenhang mit der Funktionsweise des politischen Systems im Sozialismus gestellt werden.

---

[184] Im ital. Original »crisi di autorità« (Quaderni, Bd. III, S. 1603), was hier wohl so viel wie »Krise der Macht« bedeutet.

[185] Gefängnishefte, Bd. 7, S. 1577f.

9. Nationale und internationale Dimensionen der Arbeiterbewegung

Gramsci hat das Internationalismusverständnis, das der Gründung der Kommunistischen Internationale zugrunde lag, gebilligt. In diesem Sinne hat er die Zugehörigkeit der KPI zur Komintern, zur kommunistischen Weltpartei, als deren Sektion bis zu seiner Verhaftung im Oktober 1926 nicht in Frage gestellt. In den *Gefängnisheften* fehlen Bezüge auf die Komintern. Erwähnt wurde bereits, dass er während der Gefängnishaft nicht als Führer der KPI genannt werden wollte. Entsprechend dem kommunistischen Internationalismusverständnis hat auch Gramsci damals die führende Rolle der KPdSU anerkannt, allerdings unter ganz bestimmten Bedingungen, die er 1926 verletzt sah. So hielt er es für zwingend, dass die KPdSU diese ihre Rolle und Verantwortung auf die Respektierung der Interessen der anderen Parteien und auf deren freiwillige Zustimmung gründet. Als Mitte der 20er Jahre in der Sowjetunion die parteiinternen Auseinandersetzungen, zunächst zwischen den Anhängern Stalins und den Anhängern Trotzkis, begannen, die einerseits keinerlei Rücksicht auf die Befindlichkeiten der anderen kommunistischen Parteien nahmen, aber andererseits negative Wirkungen auf diese Parteien ausübten, kam Gramsci zu dem Schluss, dass die KPdSU ihre internationalistische Pflicht und Verantwortung verletze und den anderen Parteien schade. In seinem Brief an das ZK der KPdSU Anfang Oktober 1926 schrieb er folgendes: Die breiten Massen im Westen verstehen nicht die Diskussionen in der KPdSU. Vor allem die westlichen Parteien wollen in der Sowjetrepublik und der KPdSU einen einheitlichen »Kampftrupp sehen, der für die allgemeine Perspektive des Sozialismus tätig ist. Nur in dem Maße, wie die westeuropäischen Massen Russland und die russische Partei unter diesem Gesichtspunkt betrachten, akzeptieren sie freiwillig und als eine historisch notwendige Tatsache, dass die Kommunistische Partei der UdSSR die führende Partei der Internationale ist«. Im Rahmen der Internationale sei die KPI diejenige Partei, »die am meisten die Auswirkungen der in der KP der UdSSR bestehenden ernsten Situation zu spüren bekommt«. Generell werde dadurch der Entwicklungs-, Profilierungs- und Konsolidierungsprozess der Parteien im Westen erschwert. »Genossen, Ihr wart in den neuen Jahren der Weltgeschichte das organisatorische und vorwärtstreibende Element der revolutionären Kräfte aller Länder. Die Funktion, die Ihr ausübt, findet in der ganzen Geschichte des Menschengeschlechts hinsichtlich der Breite und Tiefe nichts Vergleichbares. Heute aber seid Ihr dabei, Euer Werk zu zerstören; Ihr degradiert die Führungsfunktion, die die Kommunistische Partei der UdSSR durch das Engagement Lenins errungen hat, und Ihr geht das Risiko ein, sie ganz zu verlieren. Uns scheint, dass die mit Gewalttätigkeit verbundene Entwicklung der russischen Probleme Euch die internationalen Aspekte eben dieser russischen Probleme aus den Augen verlieren lässt, dass sie Euch vergessen lässt, dass Eure Pflichten als russische Kämpfer nur erfüllt werden können und müssen im Rahmen der Interessen des internationalen Proletariats.« Er motivierte seine Kritik damit, dass die Schärfe der Auseinandersetzungen in der KPdSU, die die Gefahr ihrer Spaltung und die Katastrophe der Revolution in sich bergen, »eine Einflussnahme der Bruderparteien erforderlich machen« würde.

Gramsci ging es mit seiner Kritik um die Methoden und Formen der Auseinandersetzung, worauf bereits hingewiesen wurde. Wenngleich er die inhaltlichen Probleme der Auseinandersetzungen nicht konkret erörterte, wird dennoch klar, dass er mit der Opposition, besonders mit den Positionen Trotzkis, aus verschiedenen Gründen nicht einverstanden war. Er sah – ohne Zweifel sehr vereinfacht – in dieser Position, in den »Irrtümern des Blockes der Opposition«, auch folgenden negativen Aspekt für die Arbeiterbewegung im Westen: »In der Ideologie und in der Praxis des Blockes der Oppositionen wird völlig die ganze Tradition der Sozialdemokratie und des Syndikalismus wiederbelebt, die bislang das westliche Proletariat daran gehindert hat, sich als führende Klasse zu organisieren.« [186]

Dieser Brief hatte damals, wie schon vermerkt, zu einer ernsten Misstrauenskrise in der KPI, namentlich zwischen Gramsci und Tog-

---

186 In: Scritti politici, Bd. 3, S. 232–238; deutsch in: Gramsci – vergessener Humanist, S. 69–76; siehe auch Anm. 44.

liatti, geführt. Togliatti, der zu jener Zeit die KPI in der Moskauer Kominternzentrale vertrat, verteidigte in seiner Antwort die Position und vor allem auch die Vorgehensweise der Stalinschen Führungsriege: »Es ist nicht so sehr die Einheit der führenden Gruppe (die ohnehin niemals eine absolute Sache war), die die russische Partei zum Organisator und zur Triebkraft der revolutionären Weltbewegung der Nachkriegszeit hat werden lassen als vielmehr die Tatsache, dass die russische Partei die Arbeiterklasse dazu gebracht hat, die Macht zu erobern und sich an der Macht zu halten. Beeinträchtigt die aktuelle Linie die Erfüllung dieser Aufgabe in negativer Richtung? Auf diese Weise muss die Frage der russischen Partei in der internationalen Arbeiterbewegung gestellt werden, wenn man nicht direkt in die Gedankenwelt der Opposition verfallen will.«[187] Gramsci hat Togliattis Argumentation nicht akzeptiert.[188]

Ein anderes Problem war für Gramsci das Verhältnis von Nationalem und Internationalem im Kampf der Arbeiterklasse für Sozialismus. Indem er auf ein Gespräch Stalins aus dem Jahre 1927 Bezug nahm,[189] erklärte er ausdrücklich, dass ein Problem entwickelt, also vertieft werden müsse. Er war offenbar der Meinung, die Darlegungen Stalins würden dem Problem nicht gerecht werden. Gemäß der Philosophie der Praxis müsse in deren »politischer Äußerung« – entsprechend den Formulierungen von Marx und den Präzisierungen von Lenin – die »internationale Situation unter ihrem nationalen Aspekt betrachtet werden [...] In Wirklichkeit ist das ›nationale‹ Verhältnis das Ergebnis einer (in einem gewissen Sinn) einzigartigen ›originellen‹ Kombination, die in dieser Originalität und Einzigartigkeit begriffen und aufgefasst werden muss, wenn sie beherrscht und

187 Zit. nach Aldo Agosti: Palmiro Togliatti . Turin 1996, S. 88.

188 Siehe Anm. 141.

189 Gemeint ist sicherlich die Unterredung Stalins mit der ersten amerikanischen Arbeiterdelegation im September 1927 in der Sowjetunion. In: Stalin-Werke, Bd. 10, S. 81-129. Stalin hatte gegenüber seinen amerikanischen Gästen vor allem über die inneren Probleme der Sowjetunion und eigentlich nur beiläufig von der »Entwicklung der internationalen Revolution« und davon gesprochen, dass »die Arbeiterklasse in den kapitalistischen Ländern [...] bloßer Zuschauer der siegreichen Entwicklung des Sozialismus in diesem oder jenem Lande« zu sein sich nicht abfinden würde.

geführt werden soll. Gewiss geht die Entwicklung hin zum Internationalismus, aber der Ausgangspunkt ist ›national‹, und bei diesem Ausgangspunkt gilt es anzufangen. Doch die Perspektive ist international und kann nur so sein. Deshalb muss man genau die Kombination der nationalen Kräfte studieren, welche die internationale Klasse gemäß der internationalen Perspektive und deren Leitlinien wird führen und entwickeln müssen...«[190] Es versteht sich, dass es hier Gramsci um die revolutionstheoretische Dialektik geht, gemäß derer die Arbeiterklasse (als »internationale« Klasse) keineswegs die nationalen Bedingungen, die im nationalen Rahmen bestehenden spezifischen Kräfteverhältnisse usw. missachten dürfe, dass also erst die Bewältigung der revolutionären Aufgaben im eigenen Lande die Voraussetzung für die internationale Perspektive der Revolution darstelle.

Die beiden Aussagen Gramscis – die im Brief an das ZK der KPdSU, der zufolge die KPdSU ihre Führungsfunktion in der kommunistischen Bewegung nur erfüllen kann, wenn dies im Rahmen der Interessen der internationalen Arbeiterklasse geschieht und diese ihrerseits freiwillig und als notwendig diese Führungsrolle anerkennt, sowie die aus den *Gefängnisheften*, dass im Kampf der Arbeiterklasse die Entwicklung vom Nationalen zum Internationalen, also nicht umgekehrt, gehen müsse, – stellen de facto, ob das in der Absicht Gramscis lag oder nicht, eine völlig andere Konzeption für die Einheit und das Zusammenwirken der kommunistischen Parteien in der Komintern dar, als sie real befolgt wurde, und zwar in einer Zeit, als sich immer mehr drei Tendenzen in der Komintern-Praxis durchsetzten, die Gramscis Auffassung widersprachen: eine Zentralisierung mit einer hierarchischen Leitungsstruktur, die Negierung möglicher unterschiedlicher realer Interessen der einzelnen Mitgliedsparteien, das heißt die Postulierung von Interessenidentität aller kommunistischen Parteien, und entsprechend dieser Logik die zunehmende Unterordnung der Politik der einzelnen Parteien unter die *Staatsinteressen* der UdSSR. Diese Tendenzen, die die Komintern-Parteien weitestgehend billigten, hingen sicherlich auch mit ihrem euphorischen Glauben zusammen, dass die Weltrevolution rasch voranschreite und das nationale

---

190 Gefängnishefte, Bd. 7, S. 1692.

Moment an Bedeutung verliere. Es war ein Weltrevolutions-Konzept, das Gramsci eben auch nicht teilte.

Das dialektische Verhältnis des Nationalen und Internationalen im internationalen Zusammenwirken sozialistischer Kräfte und im Kampf um sozialen Fortschritt und Sozialismus, wie es Gramsci verstand, hat seine Gültigkeit nicht verloren. Doch muss man wohl entgegen der Annahme Gramscis und seiner Zeitgenossen, ein Land könne für sich genommen den Übergang zum Sozialismus realisieren, in Anbetracht der Ursachen des Scheiterns des realen Sozialismus in Europa und in Anbetracht der heutigen Internationalisierungs- und Integrationsverflechtungen hinzufügen, dass zumindest im ökonomisch und politisch integrierten Europa, ohne dass die Beachtung aller nationalen Bedingungen an Bedeutung verlöre, sehr wahrscheinlich nicht nur die Perspektive, sondern bereits die Anfangsphase einer Entwicklung zum Sozialismus international sein müsste, wenn überhaupt.

* * *

Zieht man ganz nüchtern die Tatsachen in der Welt von heute in Betracht, so ist – auch eingedenk der Notwendigkeit sozialistischer Lösungen für die anstehenden Probleme in Europa und der Welt – in absehbarer Zeit wohl kaum mit der Formierung eines mehrheits- und somit hegemoniefähigen sozialistischen historischen Blocks, um mit Gramscis Terminologie zu sprechen, zu rechnen. Das Vermächtnis Gramscis muss man deshalb heute vor allem als Gebot und Option zur Verteidigung und Erneuerung des Marxismus, zur überzeugenden sozialistischen Bewusstseinsbildung und zum politischen Handeln unter sozialistischen Prämissen begreifen.

10. Personen- und Sachregister